U0516061

哈尔滨商业大学博士科研支持计划（22BQ11）
黑龙江省普通本科高等学校青年创新人才培养计划（UNPYSCT-2018130）
国家社会科学基金2019年一般项目（19BJY104）：东北老工业基地国有高端装备制造企业混合所有制改革机制与路径选择

# 东北地区高端装备制造企业混合所有制改革的实施路径研究

张　贺◎著

**图书在版编目（CIP）数据**

东北地区高端装备制造企业混合所有制改革的实施路径研究 / 张贺著 .—北京：经济管理出版社，2022. 7
ISBN 978-7-5096-8588-4

Ⅰ. ①东… Ⅱ. ①张… Ⅲ. ①装备制造业—工业企业—混合所有制—企业改革—研究—东北地区 Ⅳ. ①F426. 4

中国版本图书馆 CIP 数据核字（2022）第 120213 号

组稿编辑：张馨予
责任编辑：张馨予　吴　倩
责任印制：张莉琼
责任校对：王纪慧

出版发行：经济管理出版社
（北京市海淀区北蜂窝 8 号中雅大厦 A 座 11 层　100038）
网　　址：www. E-mp. com. cn
电　　话：（010）51915602
印　　刷：唐山玺诚印务有限公司
经　　销：新华书店
开　　本：710mm×1000mm /16
印　　张：11. 75
字　　数：191 千字
版　　次：2022 年 12 月第 1 版　　2022 年 12 月第 1 次印刷
书　　号：ISBN 978-7-5096-8588-4
定　　价：98. 00 元

# 目录

# 第一章
# 绪　论

## 第一节　选题依据

高端装备制造业是制造业的战略性支柱产业，对于维护国家国防安全、能源安全、产业安全具有十分重要的战略地位，是我国走向世界性制造强国的关键。2010 年国务院发布的《关于加快培育和发展战略性新兴产业的决定》将高端装备制造业列为我国七个战略性新兴产业之一，将高端装备制造产业成长上升为国家战略对于我国制造业转型升级起到至关重要的作用。2012 年，我国工业与信息化部发布了《高端装备制造业“十二五”发展规划》，明确发展高端装备制造业是提升我国产业核心竞争力的必然要求，是我国转变经济发展方式、推进产业结构升级的内在要求。东北地区在智能制造、航空装备、轨道交通装备等领域有良好的工业基础和国内领先的技术水平，预计到 2030 年，“将东北地区打造成具有国际竞争力的先进装备制造业基地和重大技术装备战略基地，成为全国重要的经济支撑带”是全面振兴东北老工业基地的目标之一。这充分肯定了东北地区在全国经济发展中的独特性和战略性地位，为东北地区发展高端装备制造业指明了方向。

东北地区在高端装备制造领域有一批代表国家先进技术水平的龙头企业，比如中国一重、沈阳机床等。智能机器人、高档数控机床、新型船舶、航母、高铁与飞机制造以及采掘等重大装备国产化成果显著，取得了近百项重大技术突破。以沈阳机床为例，其是我国最大的机床制造商，自主研发的 i5 智能机床代表了我国机床制造的最高水平①。作为辽宁省的老牌国

---

① 金晓玲．沈阳机床 i5 研发团队：瞄准未来市场搞创新［N］．辽宁日报，2017-10-16（002）．

企，每年获得政府补助款上亿元，依靠传统机床和智能机床销售实现盈利，收入稳步增长，但是利润率持续下降，近年来处于连续亏损状态。2015 年，东北地区国有高端装备制造企业 134 家，其中亏损企业 50 家。在国有及国有控股工业企业中，总资产贡献率为 6%，资产负债率达到 60%①，无论与历史平均水平或沿海发达地区同类企业相比都表现出下滑或竞争力不强的趋势，说明东北国有企业盈利质量不高，国有资本活力不足，企业经营效率较差。实际上，上述问题的根源不在于高端装备制造业，而是源于东北地区国有企业市场化改革明显滞后的体制机制障碍。自 2003 年国家实施东北地区等老工业基地振兴战略以来，主要是政府主导型政策，以国家大规模注入资金的方式对东北地区进行全方位的帮扶，虽然在振兴的前十年带动了东北地区经济增长，但是也造成了许多负面影响，比如政府与市场的关系没有厘清、国有企业垄断导致民营经济发展不充分、资产配置效率低等问题，东北发展的深层次矛盾并没有解决，制约东北的体制机制性因素没有彻底破解。因此，东北地区高端装备制造企业若想提升企业绩效和国际竞争力，实现企业的高质量发展，应该从充分考虑国企改革问题开始。

深化国有企业改革，发展混合所有制经济是国有企业契合市场实践发展的应有之意，是解决企业效率和资产收益问题的关键。混合所有制破解了国有企业与市场机制融合的难题，为国有企业进一步市场化提供了载体。国有企业通过混合所有制改革实现资源优势和治理优势、体制优势的有机结合，必将产生新的生命力和强大的生产力。自党的十八届三中全会以来，新一轮混合所有制经济得到积极的发展和推进，2016 年推出第一批混合所有制改革试点企业 9 家，2018 年除 31 家试点企业外，国资委又开启了“双百行动”改革试点，涉及企业达到 404 家，到 2019 年已陆续推出四批国有企业进行试点，累计超过 550 家企业；改革范围已经不仅局限于军工、电信等领域，也开始涉及智能制造等战略性新兴产业领域，伴随着国有企业混合所有制改革的加速推进，已经形成了国企改革的新局面。目前，第一批试点企业改革方案已落地生效，带来了很好的示范效应。通过混合所有制改革，企业发展内生动力得到激活，提高了经济效益和资源配置效率，进

① 资料来源：根据国家统计局 2015 年分省年度数据中国有及私营控股工业企业相关经济指标计算而得。

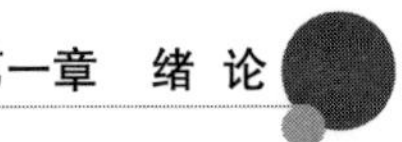

而带来国有经济发展的质量和效益提升。东北地区国有高端装备制造企业要实现高质量发展，应抓住这次混合所有制改革的契机，探索股权多元化的混合所有制改革新模式，通过引进社会资本、增强企业活力、建立市场化运营机制的企业，使国有企业进一步完善产权激励功能，提高市场化程度，从而使东北高端装备制造的历史优势和技术优势得以充分发挥，让东北经济成为新一轮中国经济发展的亮点。

现阶段对混合所有制改革问题的研究多集中于产权改革的角度，然而混合所有制不仅仅是资本意义上的混合，更重要的是混合后的企业如何与市场机制融合？治理机制如何创新？通过市场机制运用达到提高企业经营层面和资本层面的效率。本书沿着产权改革和市场竞争机制两条主线，将"混"和"改"统一起来，研究如何通过改革，提升企业的治理水平和整体竞争力。结合我国区域经济发展以及地区产业发展情况，论证混合所有制改革的区域选择和产业选择，为国有企业如何选择地区和行业进行混合所有制改革提供参考。

本书从微观层面考察东北地区高端装备制造国有企业的混合所有制改革，通过对国有企业改革历程和所有制演变规律的梳理，总结其承担的历史责任和社会责任，结合目前经济社会发展形势，分析其混合所有制改革的必要性、适应性和基础条件。把"混"和"改"两条研究主线统一在一个分析框架中，揭示混合所有制改革的理论与机制。着重解决两个问题：第一，在新一轮国企改革的背景下，如何通过混合所有制改革激发东北地区高端装备制造国有企业活力，使其成为独立的市场主体，加快东北地区国有企业市场化步伐；第二，东北地区国有高端装备制造企业通过混合所有制改革实现绩效提升的机制与路径。

## 第二节　研究意义与学术价值

高端装备制造业代表着我国制造业的最高技术水平，是决定整个产业链综合竞争力的战略性新兴产业。因此，对国有高端装备制造企业混合所有制改革的研究，是深化我国国有企业改革理论研究过程中不可忽视的领域。东北地区重点发展高端装备制造业是抢占未来经济和科技制高点的战略选择，高端装备制造业作为前向联系和后向联系“双高”的产业，能够通过关联效应带动其他产业的快速发展，最终通过影响扩散和波及效应引领整个东北地区乃至全国产业发展，对于东北老工业基地再振兴具有重大的实践意义。东北地区国有高端装备制造企业将有望通过混合所有制改革实现资源优化配置，提升自主创新能力和国际竞争力，实现经济效益和社会效益的统一。

本书主要基于产权理论的企业法人财产权范式、公司治理理论、现代企业理论中的委托代理及职业经理人范式，从微观层面深入剖析国有企业混合所有制改革问题，一方面对高端装备制造企业混合所有制改革进行探索，另一方面将新范式应用到国有高端装备制造企业混合所有制改革的理论与实践中，不仅是对公司治理理论的具体应用，也是对产权理论和现代企业理论的继承和发展。现阶段我国国有企业混合所有制改革仍处于实践探索阶段，通过试点企业的改革实践，取得了良好的改革效果，并形成了一些可复制、可推广的制度性经验，但也存在一些深层次症结有待纾解。本书在总结实践经验的基础上，对混合所有制理论发展追根溯源，揭示混合所有制改革的理论机制，从而将“混”和“改”作为研究主线并置于同一个分析框架中，为国有企业混合所有制改革的基础性研究提供理论参考。

## 第三节　研究方法与技术路线

### 一、研究方法

本书采用理论与实证相结合、定性与定量分析相结合的研究方法，以国有企业改革深入到以公司治理层面的混合所有制改革阶段为背景，通过公司内外部治理机制的联结将产权改革与市场改革统一起来，构建理论与实证模型，证明了国有企业是如何通过混合所有制改革以提高企业绩效，为国有企业混合所有制改革提供理论支撑、经验依据以及具体实施参考。

（1）文献研究。搜集国有企业混合所有制改革、公司治理等方面的相关文献，不断加深对混合所有制内涵的理解，完善本书的经济思想和理论

模型。研读国家政策以及中央、国务院关于国有企业改革问题的相关指导文件，关注国有企业改革实践，保持理论与实际相结合，保证研究成果的应用价值。

（2）历史考察与比较分析法。通过对我国国企改革历程的梳理与回顾，整理出产权改革的主线；同时借鉴西方国家完全私有化的实践经验，对产权改革和剥离负担两派观点进行总结，对形成本书的逻辑框架具有重要的借鉴意义。

（3）博弈分析。构建混合寡头模型，根据国有企业和私有企业不同的目标函数，分析不同市场规模下混合所有制改革对产量、社会福利等方面的影响，为国有企业在混合所有制改革过程中的股权结构优化问题提供理论基础，并从市场竞争的视角揭示国有企业混合所有制改革的内在机制。

（4）经济计量法。对中国沪深两市高端装备制造上市公司资料数据进行全样本收集，构建面板数据计量模型进行分析检验，考察混合所有制结构、产品市场竞争对企业绩效的影响程度，为提出混合所有制改革优化提升企业绩效的政策建议提供经验证据。

## 二、技术路线

本书的技术路线如图 1-1 所示。

## 三、研究内容

针对东北地区国有高端装备制造企业混合所有制改革问题，本书分为八章进行研究，各章主要内容如下：

第一章为绪论。主要介绍选题依据、研究目的、研究意义、研究方法、技术路线和创新点等内容。

第二章为文献综述。在文献梳理方面，本书沿着理论研究和经验研究两大方向进行了文献梳理，对东北地区高端装备制造业发展和国内外国有企业混合所有制改革的相关研究进行了综述，进而对国内外相关文献进行总结、归纳与评述。

第三章为混合所有制改革的历史逻辑。本书较为全面地回顾和追溯了从 1978 年改革开放至今的国有企业改革历程，对现阶段的混合所有制经济

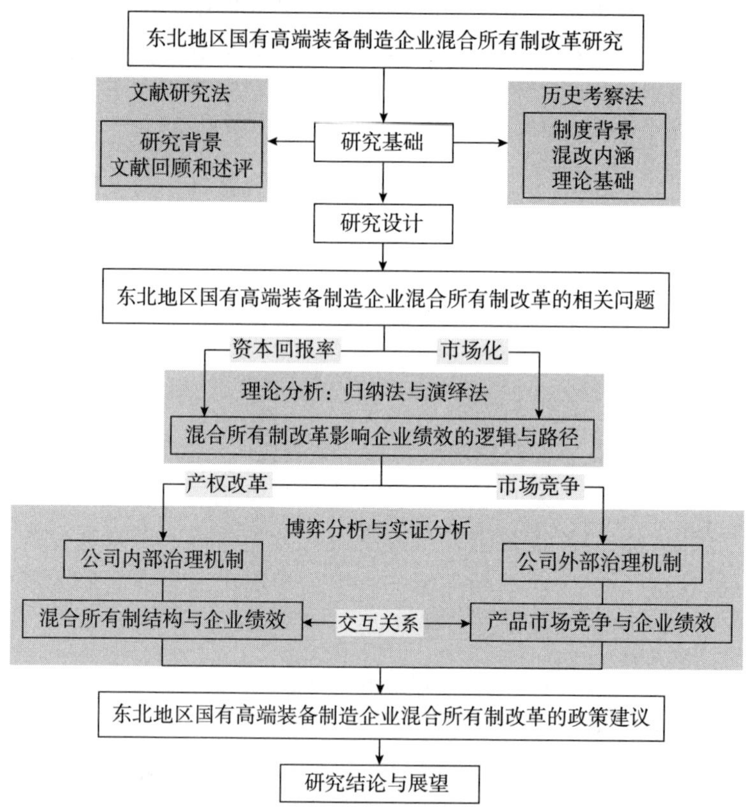


**图 1-1　本书的技术路线**

从宏观和微观、实践和理论等多个角度解释其内涵。沿着产权改革这条主线，我国国有企业改革已经进入以公司治理为核心的混合所有制改革阶段。接下来，本书将以产权理论、公司治理理论和现代企业理论为基础对国有企业混合所有制改革问题进行分析。

第四章为东北地区国有高端装备制造企业混改问题分析。主要回答了东北地区高端装备制造国有企业为什么要率先进行混合所有制改革的问题。在东北经济失速背景下，高端装备制造业为地区支柱产业贡献了半数以上的经济利润总额，但与东部地区的差距仍在不断加大，关键原因在于企业的体制性矛盾束缚。国有高端装备制造企业是混合所有制改革应该率先实现突破的关键领域，是东北振兴政策的深化和延续。基于混合所有制改革的开放效应和溢出效应，民营企业应该积极参与到国有高端装备制造企业的改革进程中来。

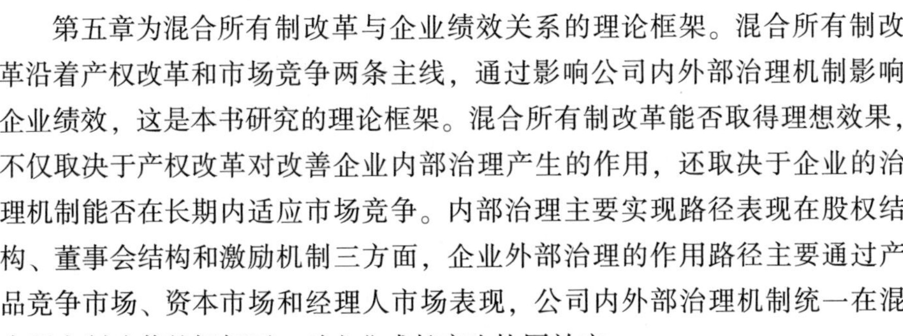

第五章为混合所有制改革与企业绩效关系的理论框架。混合所有制改革沿着产权改革和市场竞争两条主线，通过影响公司内外部治理机制影响企业绩效，这是本书研究的理论框架。混合所有制改革能否取得理想效果，不仅取决于产权改革对改善企业内部治理产生的作用，还取决于企业的治理机制能否在长期内适应市场竞争。内部治理主要实现路径表现在股权结构、董事会结构和激励机制三方面，企业外部治理的作用路径主要通过产品竞争市场、资本市场和经理人市场表现，公司内外部治理机制统一在混合所有制改革的框架下，对企业成长产生协同效应。

第六章为混合所有制结构与企业绩效的实证检验。本章从内部治理的核心机制股权结构出发，对混合所有制结构如何影响企业绩效进行理论与实证分析。

第七章为产品市场竞争、内部治理与企业绩效。本章从外部治理的核心产品市场竞争出发，探索混合所有制改革对企业绩效的影响。外部治理机制并不是直接作用于企业绩效，而是需要通过内部治理机制发挥作用，所以需要深入探讨内外部治理机制之间的交互关系。

第八章为东北地区高端装备制造企业混合所有制改革的政策建议。明确改革目标，应用理论研究与实证研究得出的结论，对东北地区国有高端装备制造企业的混合所有制改革提出具体实施建议和政策建议。

## 第四节 研究创新之处

本书在对现有相关文献进行系统梳理的基础上进行拓展研究，实现理论的边际创新，在以下三个方面进行创新：

（1）丰富了混合所有制改革的理论基础。本书构建混合所有制改革与企业绩效之间关系的逻辑框架，通过公司内外部治理机制的交互作用将产权改革和市场竞争结合起来，将“混”和“改”两条主线统一起来。混合所有制改革是能够将内外部治理机制结合起来的有效途径，以股权结构为基础完善公司内部治理结构，以市场竞争为核心内容的外部治理机制使企业资源配置的权利真正回归市场，二者的有机结合保证了国有企业的混合所有制改革效果和改革目标的真正实现。

（2）在混合所有制改革背景下证明了市场竞争机制与公司内部治理的联动机制。产品市场竞争作为典型的公司外部治理机制，需要通过公司内部治理机制的传导作用才能对企业绩效产生影响。关于股权结构、激励机制与市场竞争机制之间的交互作用，同样是公司治理领域的前沿问题，本书结论对该领域的研究也有一定贡献。

（3）激励机制在国有企业混合所有制改革中的中介作用。本书验证了激励机制在公司内部治理机制中的调节效应以及在公司外部治理机制中的中介效应，指出在东北地区国有高端装备制造企业混合所有制改革中应该重视激励机制的重要作用。

# 第二章
# 文献综述

## 第一节　东北地区高端装备制造业发展相关研究

现有对东北地区高端装备制造业发展的相关研究主要集中在以下三个方面：

第一，产业竞争力分析。东北老工业基地国有企业竞争力低下与国有企业人员封闭、官本位、务虚名的企业文化密不可分，同时这也是造成东北地区国企改革成效不明显的一个重要原因（苗壮，2009）。孙景新(2012)[①] 通过对沈阳机床的案例分析，说明制约企业国际竞争力提升的原因是核心专利技术数量和质量不足，资源配置不合理。李艳（2014)[②] 分析了大连和沈阳两个城市高端装备制造业发展的现状和存在问题，发现两个城市的高端装备制造产值较低，在整个装备制造业中的比重也较低，发展速度不及上海、深圳等发达地区。高端装备制造业竞争力不强主要表现在较弱的和有待完善的技术创新体系、投融资机制、产业链等方面。提升产业竞争力的关键是需要重点关注高端装备制造企业，尤其是骨干企业，可以通过兼并重组的方式发展企业集团，实现企业间的资源共享和合理利用。

第二，高端装备制造企业成长路径。高端装备制造企业成长的主要动因仍然是设备和人力投入（罗福凯等，2013）。李坤等（2014）以哈电集团由高端装备制造的低端水平向高端水平转型过程中“市场换技术”的成功经验，说明市场化运作、依靠本土市场实现“技术引进—消化—吸收—再创新”的路径跨越有利于地方发展。而王玉荣等（2015）通过 1995～2011

① 孙景新．我国高端装备制造企业的技术研发投入及其效益分析［D］．中国海洋大学，2012.

② 李艳．大连市高端装备制造业竞争力提升战略研究［D］．大连交通大学，2014.

年我国高端装备制造产业数据验证得出，像我国这样的后发国家中的外源性技术在高端装备制造业的发展中起到重要作用。内源性技术虽然是高端装备制造产业技术进步和创新能力提升的重要方式，但是由于产业整体自主创新能力弱，所以尚未与产业创新能力提升形成良好的长期互动机制。徐丹丹等（2017）对沈阳机床、大连重工等38家高端装备制造国有企业的经济效率和社会效率进行评价，提出依据公益类和商业类的不同划分进行分类改革的实现路径。

第三，通过改革提升国有高端装备制造企业竞争力。由于国有企业剩余索取权的不可转让性，我国高端装备制造企业和出资人之间因“制度不对称”导致资源配置灵活性低、市场竞争力低的问题。应该加快推进产权改革，增强制度竞争力。具体方式有资产证券化、资产重组明晰产权，或者通过混合所有制改革，引入社会资本加速企业市场化，使产品、技术等具备更强的市场竞争力（尹响、杨继瑞，2016）。国有装备制造企业既要避免国有经济一股独大，也要适当保证国有股比例，建立有效的股权制衡机制是重点，当股权集中度在41.2%左右时，研发支出强度最大，股权制衡与研发支出正相关，进而能够提升装备制造企业创新能力（李士梅、张倩，2015）。王琛伟和刘现伟（2017）针对辽宁装备制造业转型发展的困境总结出，东北地区国有经济比重大、计划经济色彩浓厚、历史包袱沉重是制约产业转型升级的关键障碍。提出应以国企混合所有制改革为突破口，建立深化国企改革、政府管理体制改革试验区，构建完善的市场体系方向，有针对性地解决制约企业发展的体制机制问题。

## 第二节　国企改革与混合所有制发展

在国外，混合所有制是私有化（Privatization）浪潮的产物，很多市场经济国家在对国有部门进行大规模改革的过程中直接选择了私有化道路。所以，国外学者将国有企业改革问题看作是在“政府掠夺”背景下引发的私有化浪潮。Shleifer 和 Vishny（1994，1998①）的政府“掠夺之手”理论

① Shleifer A.，Vishny R. W. The Grabbing Hand：Government Pathologies and their Cures［M］. Cambridge，Mass：Harvard University Press，1998.

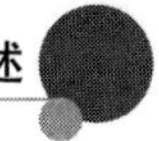

指出，在经济转型过程中，政府因承担着过多的政策性负担和较大的政治晋升压力，会通过控制当地国有企业来实现政治目标，而这些政治目标往往是与企业价值最大化目标相悖的，地方政府的掠夺效应导致国有企业低绩效。产权学派认为私有的所有权本质上优于国家所有权，私有化可以有效地重组公司解决国有企业普遍效率低下的问题（De Alessi，1983）。产权学派主张当企业剩余索取权超过其利润时，生产是无效率的（Alchian，1965）。其他学者认为，尽管国有企业也可能会关注盈利，但它们同时也必须追求其他目标而削弱了实现效率和财务的能力目标（Martin and Parker，1997①）。此外，个人或团体不能从国有企业利润中获得明显利益，所以没有人有动机去承担或监督管理者责任。由于监管不力，以 Niskanen（1971）为代表的公共选择学派提出了这样一个观点，政客和政府官员可以将他们自己的目标和偏好放在首位，例如就业和声望，而不是去实现企业的效率和生产力。因此，从一些转轨国家的私有化进程经验中，Brada（1996）发现成功转轨的关键因素就是私有化。Li 和 Xu（2004）利用全世界电信业私有化的数据研究发现，只有全部私有化才会导致资本和劳动分配的优化以及全要素生产率的提高。但是，类似完全国有化或完全私有化的单一所有制并不是在所有国家和所有行业都具有优越性的（Yarrow，1986；Shirley，1999）。一部分学者认为私有化并不一定带来企业绩效的正向激励，占主导地位的私人股东也有可能没有选择利润最大化的目标（Demsetz and Lehn，1985）；企业若没有实现公司价值最大化的目标，那么将会有被收购的威胁，同时私有化公司管理者的绩效也将受到影响。分散的股权容易引起监管的“搭便车”问题，比起所有权集中时公司控制权更容易受到影响（Shleifer and Vishny，1997）。最大化公司价值的目标可以认为是对管理者的一种约束，这种绩效激励来自于一个企业控制的有效市场（Hartley and Parker，1991）。在私有化过程中，政府作为资产的卖家，其信誉问题关系到资产的真实价值。政府往往拥有许多资产或者控制一些私有化的单一企业，如果政府表现出通过监管或政治干预影响企业后续表现的行为，这样的声誉风险则会影响到资产价值。例如，西班牙的企业要求政府大幅折价出售资产，在某些情况下还提供了“退款”保证，导致私有化后绩效较差（Ljungqvist

① Martin S.，Parker D. The Impact of Privatization：Ownership and Corporate Performance in the United Kingdom [M]. Routledge，1997.

et al.，2003）。新西兰钢铁公司完全私有化后很快宣布破产，政府不得不重新注资收购重归国有。在这种情况下，政府所有权是对私人投资者的一种可信承诺，表明政府还持有部分私有化企业价值。所以，私有化并不是解决国有企业问题的唯一方式，政府在推进国有企业私有化时，可以在企业中保留一定的国有股份，继续持有的这部分国有股份对企业的投资与生产行为都产生一定的影响，还可能增加投资者对企业价值的信心（Bennett and Maw，2003）。在英国的私有化改革实践中，撒切尔夫人为了保证私有化后国家对国有企业的控制权，在关系国家安全和重大公共利益的行业引入了黄金股制度。黄金股是一种国家特殊管理股，具有“一股多权”的特点，能够在最大限度维持政府必要控制力和最小限度干涉企业经营自由之间取得平衡。这样，政府可以不必处于绝对控股地位，只需要保留很小的股权比例，对可能损害公众利益的事项具有一票否决权。西班牙、匈牙利等国家在私有化改革中都曾通过专门的私有化法案为政府赋予这种特殊权利。事实上，这就是形成国有股份和私有股份同时存在的混合所有制企业。所以，西方学者也逐渐认同了私有化并不是解决国有企业问题的唯一方式。国有企业的问题在于委托代理问题、“搭便车”和预算软约束，除了私有化道路还可以通过企业内部组织变革、引入竞争和制度改革的途径代替完全私有化①。

混合所有制对于我国国有企业的发展和改革具有重要的意义，能够发挥多元产权主体优势，实现公有制和非公有制经济的良性互动。国有企业效益低下和发展停滞的主要原因源于不清晰的企业产权和不合理的法人治理结构（吴敬琏，1993）。当国有企业产权不明晰时，国家和政府会为企业承担部分经营风险，软预算约束问题就会出现，导致企业没有自主发展的动力和活力。因此，国企改革的关键在于产权改革，让非国有经济加入到国有经济中，将民营资本引入国有企业，发挥两者优势，让私有产权形成有效的利益激励机制，改善国有企业的公司治理结构和经营效益，达到“1+1>2”的治理效果（张维迎，2014；李维安，2014）。国有企业推进混合所有制改革的目标是发挥多元产权主体的优势，解决国有企业产权不清、委托—代理链条过长等问题；改变国有企业两权不分、政企不分、社企不分、

① Chang H. J. Bad Samaritans：Rich Nations，Poor Policies，and the Threat to the Developing World［M］. New York：Random House Business，2007.

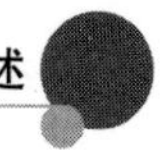

党企不分的“四不分离”现状，将经营自主权确实地交归企业手中；建立产权明晰的现代企业制度、按照现代治理的要求完善企业经营机制，解决国企改革中“内部治理外部化、外部治理内部化”的困境问题，使国有企业建立起适应市场竞争要求的经营机制和管理体制（胡颖、刘少波，2005；黄速建，2014；李维安，2014）。郭放和潘中华（2015）指出在混合所有制改革进程中，民营资本进入国有企业主要在以下三个方面发挥重要作用：第一，对于深化国有企业改革、优化市场资源配置和提高企业竞争力起着至关重要的作用。第二，民营资本的进入可以为国有企业带来更高效的激励制度，有效缓解委托代理问题，显著降低代理成本。第三，提高国有企业治理的有效性。民营资本的引入同时带来更先进的管理经验，强化国有企业的监督机制，提高企业治理效率从而达到提高国有企业经营业绩的效果。私人资本的引入可以强化国有企业对经济目标的追求，从而有利于资源的优化配置；有助于强化企业内部监督；促使国有企业选择更有效的生产技术，不断进行技术创新，最终影响国有企业经营绩效（佟健、宋小宁，2016）。在我国，混合所有制改革因能够带来企业绩效提升的效果而备受关注。

## 第三节　混合所有制改革的效果与股权结构安排

国有企业的混合所有制改革使企业的生产率和经营效率有所提升，盈利能力、营运能力、偿债能力、成长能力也有不同程度的增强（王婧，2017①）。对于国有上市公司而言，混合所有制改革能够带来的直接效果就是股价上涨，张佳宁和杨根宁（2015）编制混合所有制改革指数并与沪深指数做回归分析，验证了混合所有制改革对大盘的推动作用。总的来说，国有企业进行混合所有制改革能够带来企业经济绩效的改善，股权的混合与企业绩效显著正相关，且研发投入会在股权混合度和国企绩效间发挥调节效应（包钢，2016；王新红等，2018）。但是这种改善在不同地域和行业中表现不同，由于市场化程度、资源优势以及政策负担程度的差异，东部地区的混合所有制改革效率显著高于中西部地区，在垄断行业与竞争性行

① 王婧．锦江股份国有企业混合所有制改革的绩效分析［D］．江西财经大学，2017.

业进行混合所有制改革带来的影响也不相同（张辉等，2016）。近年来，一些学者把创新作为衡量混合所有制改革成效的重要指标进行实证检验，证明了混合所有制改革对企业创新的促进作用，尤其在研发效率提升方面效果显著；而且混合程度越高的企业，对技术创新的正向调节作用越明显（赵放、刘雅君，2016；王京、罗福凯，2017；张斌等，2019）。王业雯和陈林（2017）考察了混合所有制改革与企业创新的因果关系，发现混合所有制改革能够使国有企业增加创新投入，促进企业创新活动，并证明国有企业的创新效率经过混合所有制改革后能够得到显著提升，且高于外资企业、民营企业和港澳台企业。

那么，混合所有制改革为什么能够带来企业绩效的提升呢？以张维迎（1999）[①] 为代表的主张产权改革的学者强调私有产权与国有经济的融合产生有效的积极机制，解决了国有企业低绩效的问题。林毅夫和刘培林（2001）“剥离负担”派学者认为国有企业效率低下与所有制无关，而是承担了过多政策性负担导致国有企业丧失自生能力；刘春和孙亮（2013）进一步说明部分民营化后政策性负担显著增加是导致企业经营绩效下降的主要原因，所以剥离政策性负担是国企改革的首要任务。持有产权改革观点的学者主张从企业内部进行混合所有制改革，而政策负担派学者的主张是从企业外部公平竞争的环境着手改革。从这两个角度出发，学者们也提出一些具体路径。从产权开放角度，民营化改革、跨国并购和员工持股都是发展混合所有制的重要方式（常修泽，2014），中小型国企可以通过整体出售实现完全民营化，民企能做的领域就不需要国企存在；大型国企通过混合所有制改革实现渐进式民营化（张文魁，2014[②]），或股权多元化（魏秀丽，2008；李汉军、刘小元，2015）、部分民营化（欧瑞秋等，2014；李文贵、余明桂，2015；钟昀珈，2016）。除此之外，还有国企和民企交叉持股、国有资本与民营资本联营或合营、国企转让股权退出等形式。欧瑞秋等（2014）将部分民营化视为国有企业处在“完全国营”与“完全民营”之间的一个中间状态。钟昀珈等（2016）将国企民营化特指民营资本参与国企改革，国有资本转让股权退出第一大股东位置。从股权层面来看，混合所有制改革的关键步骤在于国有股比例的安排。国有股比例过高，容易

① 张维迎．企业理论和中国企业改革［M］．北京：北京大学出版社，1999.

② 张文魁．解放国企：民营化的逻辑与改革路径［M］．北京：中信出版社，2014.

形成“一股独大”的局面，可能造成垄断，公司治理模式不会有本质性变化；也可能造成收入差距扩大，不利于社会福利和经济增长；而且国有股比例过高，不利于激励其他类型投资者的投资积极性。但是，如果国有股比例过低，可能会增加国有资产流失的风险。国有企业的产权属于国家和全体人民，这种特殊的性质和地位决定了它是国家或政府通过其所有权实行有效控制和管理的政策工具（汤吉军、张智远，2018）。这就要求国有企业在追求企业利润最大化的同时，还要保证国有资产的保值增值。因此，通过混合所有制改革，不仅要保证企业的市场竞争力还要实现社会福利的最大化，实现经济目标和社会利益的统一，这个问题的关键在于使国有股和私有股处于一个最优的混合比例。比如，当非国有股比例在30%~40%的区间时，非国有资本对改善国有企业绩效的作用最为显著（马连福等，2015）。田昆儒和蒋勇（2015）则认为相对控股混合所有制企业国有股权比例优化区间为三成到四成时，国有股权比例尽量接近32.16%，国有绝对控股的混合所有制企业国有股权比例优化区间为七成到顶格。“剥离负担”派认为企业由于在政府控制下缺乏自主权、滋生腐败而导致国有企业低效，建议最优的国有股权比例为零。比较有代表性的观点是西方支持完全私有化的学者Shleifer和Vishny（1994）[①]、Boutchkova和Megginson（2000）认为私有化“起作用了”。从某种意义上说，企业剥离负担总是会变得更有效率、更有利可图，增加资本投资支出并在财务上变得更健康。这些结果对转型期经济和非转型期经济都是有利的，但是私有化通常会导致一些国企工人的工作未得到解决。国有企业的预算软约束不仅导致自身效率损失而且拖累民营经济发展，进而使整个经济“增长拖累”。各类所有制企业绩效的差异与投资效率相关，而国有资本投资效率较民营资本低43%，混合所有制改革能够减少此类效率损失（马光威、钟坚，2016）。剥离负担派学者认为发展混合所有制的关键是形成市场化激励和约束机制，保证信息公开透明（余菁，2014）；为企业提供良好的外部环境、外部制度水平和外部治理环境，比如相对完善的经理人市场，也能够对改善公司治理效率起到调节作用（陈颖等，2017；张斌等，2019）。

虽然混合所有制改革能够起到企业绩效提升及经济增长的作用，但是

---

① Shleifer A., Vishny R. W. Privatization in Russia: First Steps [M]. Chicago: University of Chicago Press, 1994: 137-164.

并不是所有的国有企业都应该进行改革，混合所有制改革的推进必须有范围的界定。2015 年，国家发布关于深化国有企业改革的指导意见，明确提出分类改革的指导思想。公益类和竞争类（商业类）是比较常见的分法。高明华等（2014）将国有企业划分为公益性国有企业、垄断性国有企业和竞争性国有企业。曾宪奎（2015）指出国有企业改革时要注意其企业和公益双重特性，国有企业的公益性又可以分为基础公益性（主要指关系国计民生的行业）和可变公益性（随政府政策导向变化）。部分学者也将上述分类视为混合所有制改革的前提，认为国有企业应该按照公益类和商业类的分类推进混合所有制改革（徐丹丹等，2017；王琛伟和刘现伟，2017）。廖红伟和丁方（2016）将竞争性国企称为商业一类，垄断性国企称为商业二类。商业一类国企应大力推进混合所有制改革，加快实现产权多元化、资本证券化和价值最大化，重点关注企业经营绩效。另一类有代表性的分类方法是黄群慧和余菁（2013）提出的，将国有企业区分成三类并提出相应混合所有制改革思路：公共政策性企业采取国有独资型的股权结构；特定功能性企业要保证国有资本的绝对控股地位，实现股权有限多元化；一般商业类企业应该以市场盈利为导向，鼓励各类资本参与实现股权多元化。

## 第四节　本章小结

国外关于混合所有制的研究数量较少，有一些是案例研究，也有一些是关注企业绩效的样本实证分析。西方国家选择的是资本主义自由放任经济模式，在国有企业改革中直接选择了私有化方式。在转轨国家的实践中虽采用了部分私有化的方式，但是发展混合所有制经济并没有成为西方国家主流的政策选择。所以，混合所有制改革是我国在向市场经济体制转变过程中的一种渐进式改革路径选择，具有鲜明的中国特色。

国内对于混合所有制的研究，早期主要是对混合所有制实践经验的总结，侧重点在于论证混合所有制经济与社会主义市场经济的兼容性，缺少混合所有制在我国出现和发展的原因和机制分析。随着对混合所有制经济内涵与性质的认识进一步深化，逐渐厘清了新时期发展混合所有制的目的与意义，同时也对发展混合所有制经济的途径提出了相关的政策建议。这

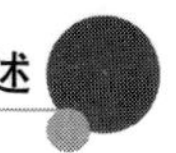

些文献对于明晰和加深对混合所有制的认识以及推动政府政策起到了积极的作用，但遗憾的是，对混合所有制兴起原因的深度发掘和理论分析的文献比较少，研究多集中在宏观层面，强调公有制经济和非公有制经济的混合，关于微观层面的混合即各类所有制企业的相互融合研究不足。在国企改革与混合所有制的论证中，学者们认同混合所有制的优越性及发展混合所有制对国有企业效率提升和实践发展起到推动作用，但是缺乏针对具体地区、具体行业分析混合所有制改革的必要性和路径的文献。

东北地区国有企业提出混合所有制改革的发展方向主要是顺应国家政策的选择，哪些领域适合混合所有制改革？哪些企业能够实现混合所有制改革？并没有深入的具体化分析。而针对高端装备制造业，学者们提出其发展和竞争力提升的关键在于骨干企业，但尚未有文献从混合所有制改革的视角研究东北地区国有高端装备制造企业绩效和竞争力提升的问题。

关于混合所有制改革如何实现及改革效果，现有的“产权改革派”和“剥离负担派”为混合所有制改革指出两种不同的方向，所提到的实现方式或者路径主要是以实现产权多元化为出发点，依然停留在“混”的层面，具体应该如何“改”？新一轮混改过程中实现形式如何创新应用？这些问题仍有待进一步研究。另外，产权改革派强调从企业内部进行改革，而剥离负担派则认为应该从企业竞争的外部环境着手。从操作层面来说，产权改革主要通过股权结构实现，而股权结构是公司治理的起点，这更倾向于“治本”的方案；而剥离政策负担则重点将“预算软约束”变为“硬约束”，强调国有企业在市场中与其他类型企业的公平竞争，倾向于“治标”的方案。然而，企业内部的董事会治理、激励机制等会对政策负担产生影响，外部竞争环境也会对内部治理结构起到刺激和激励的作用。因此，产权改革与外部环境不应该割裂看待，要形成一个综合性的逻辑框架，将产权和竞争两类因素结合起来，达到“标本兼治”的效果。

综上，国内关于东北地区国有高端装备制造企业混合所有制改革的股权结构安排、实现方式和具体路径等问题暂时没有深入的综合性研究。在文献梳理过程中，本书认为有以下三方面问题值得继续深入研究：

第一，本轮混合所有制改革是一次综合性治理，应该将企业内部股权层面的“混”和外部竞争环境作用下治理层面的“改”综合起来，形成一个统一的逻辑框架。

第二，为什么东北地区国有高端装备制造企业能够进行混合所有制改革？改革的迫切性及可行性。

第三，东北地区国有高端装备制造企业推进混合所有制改革应该怎么改？不仅要推进国有资本的积极流动并与具备完善市场化特征的外部资本相融合，从产权层面形成混合所有制企业，还应该以公司治理体系为抓手，从经营机制重点突破。

# 第三章
# 混合所有制改革的历史逻辑

## 第一节　混合所有制的内涵

国企混合所有制改革之初，经常将混合所有制改革与民营化、私有化联系起来，担心会落入“私有化陷阱”，走向资本主义私有化，这些理解都是片面的。混合所有制所涉及的内容除了股权结构的变化，还包括公司治理模式，市场化经营机制、股东的激励机制等配套政策机制，更加强调资源与机制的互补性，更加关注企业改革后的成长性问题。下面本书将从广义与狭义、微观与宏观、顶层设计与实践方面三个视角说明国有企业混合所有制改革的内涵。

### 一、广义和狭义的混合所有制

广义的混合所有制即非单一所有制，无论是国有资本和集体资本的混合，还是国有资本与其他非公有资本的混合，只要是不同的资本融合就是混合所有制。王永年（2004）将多个非公有资本相融合视为混合所有制。狭义的混合所有制强调公有资本与非公有资本的混合，强调存在于公有制和非公有制经济间的交叉融合，实现“你中有我，我中有你”的状态，王佳菲（2014）、刘长庚（2016）等支持上述观点。党的十八届三中全会的政策文件中指出，混合所有制经济应该以国有资本、集体资本、非公有资本等交叉持股、相互融合为主要特征。公有制和非公有制经济都是社会发展的重要基础，是社会主义市场经济的重要组成部分。所以，发展混合所有制经济应该允许更多其他所有制经济的参与，取长补短，相互促进。国有、集体资本与非公有制资本的融合，以及国有资本逐渐减持完全转制民企，包括非公有制经济内部不同所有制形态（比如外资和民间资本）的融合也可以视为混合所有制经济的一种特殊形式（方明月、孙鲲鹏，2019），打破了广义与狭义的严格界限。

## 二、微观和宏观视角

从微观层面上看，强调在一个经济组织或企业内部，由公有资本和非公有资本共同参股、相互渗透形成的资本组织形式，能够有效地推动企业建立现代企业制度和市场化的运作机制。简单地说，就是不同投资主体共同出资组建的企业。具体的实现形式是由不同类型所有制资本联合形成的企业主体，企业产权结构由单一产权格局改革成多元产权关系，形成各种类型的混合所有制企业。主要内容包括国企入股民企、民企入股国企、国企员工持股等，其中以国有资本为主，通过控股、参股等形式与非公资本的融合仍是主导形式，是当前我国混合所有制改革选择的主要形式。常修泽（2017）[①] 特别强调严格意义上的混合所有制应具备“异质产权多元化”特征，即国有资本和其他非公有资本等交叉持股、相互融合，实现投资主体所有制属性的多元化，不能仅是国有资本的“同质产权多元化”。在宏观层面上，大多数学者将混合所有制作为一种制度安排视为我国的基本经济制度（张作云，2008；周娜等，2017）。宏观层面上混合所有制被称为所有制结构，是指在一个国家或地区经济体中国有、集体等公有制经济和民营、外资等非公有制经济并存的非单一所有制结构。在文献中经常出现的国有资本和私有资本的交叉持股、股权多元化以及部分民营化等提法都符合上述定义，是混合所有制经济的主要实现形式。

## 三、顶层设计和实践层面

在推进国有企业混合所有制改革的进程中，要正确处理“搞好顶层设计和尊重基层首创精神的关系”。改革有其自身的复杂性，依据顶层设计在实际运用中可能很难找到突破口；在一些地区和领域开展试点，尊重基层

① 常修泽．混合所有制经济新论［M］．合肥：安徽人民出版社，2017.

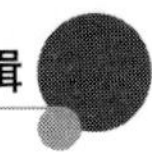

首创精神，就有可能实现改革的突破，实现顶层设计的创新和丰富。

党的十一届三中全会以来，随着我国经济的加快发展，加之对计划与市场关系的正确认识和处理，我国经济体制的目标模式日渐清晰。1993 年，党的十四届三中全会提出以公有制为主体、多种经济成分共同发展的方针，这不仅是对计划与市场关系认识的重大突破，也是对公有制内涵理解的重大突破，公有制主体地位的体现从绝对数量转为控制力和竞争力。并且在此次会议中首次提出“财产混合所有的经济”，鼓励企业内部实现多元化的产权结构。这些新认识的形成相较于西方混合寡头的研究（Matsumura，1998）还要早 5 年。经历了前期对所有制理论的认识和探索，在党的十五大报告中首次提出混合所有制。党的十八届三中全会第一次明确提出混合所有制经济的概念，这是经过我党几代领导集体不断探索演进而取得的成果，是对党的十一届三中全会以来关于公有制经济内涵和定位的进一步深化，也是对党的十五大相关论述的继承和发展。发展混合所有制经济是基本经济制度的重要实现形式，根本目的仍然是坚持和巩固公有制的主体地位，这是需要牢牢把握的原则。本轮混合所有制改革的基本目标是增强国有经济的活力、控制力和影响力。通过把非公资本引入国有经济内部发挥“鲶鱼效应”，激发非公经济的活力和创造力，借此提高国有经济的竞争力。只要坚持以公有制为主体这个前提，保证国有经济成分的导向和控制力起决定性作用，也不必过分强调国有经济的绝对比重，国有资本比重的多少并不影响我国的社会主义性质。长期的理论探索使我们对混合所有制形成了较完整的认识，社会各界就一些关键问题逐渐达成共识，由国资委、国家发改委牵头发布的关于深化改革、发展混合所有制经济的意见和文件①，成为当前发展混合所有制经济的纲领性文件，指明了混合所有制经济的发展方向、目的及基本原则等，确保我们的改革始终朝着正确的方向发展。

自 2014 年起，在实践层面有两股力量在推动混合所有制改革。一是发改委、国资委启动的中央企业层面混合所有制改革试点。第一批试点在以中国联通为代表的 5 家央企内开展。中国联通采用非公开发行和老股转让相结合的方式展开混合所有制改革试点工作，引入互联网巨头 BAT 等战略投资者。混改后，联通集团约持有 36.67%的公司股份，战略投资者的持股比

① 2013 年《中共中央关于全面深化改革若干重大问题的决定》，2016 年《关于国有控股混合所有制企业开展员工持股试点的意见》，2017 年《关于 2017 年深化经济体制改革重点工作的意见》等。

例约为35.19%，形成多元化股权结构。比起股权的变动，董事会结构的变化更加值得注意。通过混合所有制改革，民营资本在企业经营中获得了相应话语权，实现了“同股同权、权责对等”的公司治理机制。中国联通的混改在本轮国企改革中迈出了关键一步，大胆地探索和实践了一条新路径，对接下来的国企改革具有突破性的实践引领意义。二是地方政府、国资委以及地方国有企业层面开展的混合所有制改革。为了深入贯彻国务院《关于国有企业发展混合所有制经济的意见》，全国已有20多个省份陆续发布了国有企业发展混合所有制经济的指导意见，明确改革的范围、目标、进度要求、依法合规的操作规则等。鼓励国有企业通过投资入股、并购重组等方式入股非国有企业。鼓励非公有制资本通过增资扩股、股权置换、债转股等形式参与国企改革。除形式多样外，一些省份更是拓宽了非国有资本可以进入、参与的范围和领域。以黑龙江省为例，支持非国有资本、民间资本按照“非禁即入”的原则进入军工、公共事业等领域，表现出推行混合所有制的力度和决心。民间资本参股、国企上市、依托资本市场发展都是混合所有制的实践尝试。目前在试点企业的实践中混合所有制改革的主体先行者都是国有企业，所以从实践层面来看更加强调“异质股权多元化”的微观混合所有制。

顶层设计使改革谨慎稳健，首创精神使改革充满活力，二者结合将形成“自上而下”和“自下而上”两条改革路径相互联动的格局。在实践中企业通过股权多元化改革，发展混合所有制经济，完善现代企业制度，实现市场化经营和市场化激励，使国有企业提高效率、增强竞争力和抗风险能力，已经探索出国企控股、国企参股、转制民企①等多种混合模式，这都可以看作是对混合所有制内涵的丰富和创造性发展。

## 第二节 我国国有企业改革历程

国有企业改革始终是我国经济体制改革的中心环节，是事关改革成败的关键问题，也是争议最多且困难最大的改革。根据各时期改革的主要任

① 国有企业转制为民企时，当民资、外资等两种以上不同性质资本持有股权，也可以算作一种特殊的混合所有制。

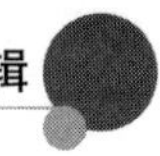

务、目标以及改革措施等方面的区别，参照黄速建（2008）、萧冬连（2014）、余菁和黄群慧（2017）、剧锦文（2018）的研究，本书将我国国企改革历程划分为以下五个阶段：

## 一、放权让利阶段

1978年12月，党的十一届三中全会召开，吹响了经济体制改革的号角，拉开了国有企业改革的序幕。《中国共产党第十一届中央委员会第三次全全体会议公报》指出“权力过于集中”是我国经济管理体制的一个严重缺点，“应该有领导地大胆下放，让地方和工农业企业在国家统一计划的指导下有更多的经营管理自主权；坚决实行按经济规律办事，充分调动干部和劳动者的生产积极性”。这个阶段的改革实践以“企业本位论”为理论支持①，认为企业不应该是行政的附属物，而是国民经济的主体，是独立的商品生产者和经营者，应该具有独立的经济利益。这个时期以扩大企业自主权，调整国家与企业之间的责权利关系，解决党政企不分，以党代政、以政代企问题为出发点，开展“放权让利”的改革。通过实行经济责任制和利改税改革等，使企业转变为独立的商品生产单位，自负盈亏，摆脱计划经济时代“等、靠、要”的思想。1978年，四川省6家企业首先开展扩大自主权试点，到1979年，试点企业数量扩大到100余家，试点企业实现的利润比全省地方工业利润平均增长水平高54%，半数试点企业的产量、产值、上交利润增长幅度都超过试点前的水平②，同时带来的是产品质量、生产技术水平、机械化程度、职工福利等多方面提升，充分证明了扩权的优越性。

经过“放权让利”阶段，试点企业获得一定的经营自主权，盈利有所增加，企业可以支配超额利润，国家和企业之间的关系转变为征税纳税的分配关系，有效打破了地方束缚，使得企业能够相对独立地开展生产经营活动，激发了自我发展和自我改造的能力，生产积极性和创造性大大提高。但是，多数企业在承包经营过程中，选择了利润包干的形式，一方面，由于利润留成试行办法的不完善，在实践中出现了“先进吃亏”“鞭打快牛”

① 袁宝华同志在接受记者采访时称“企业本位论”是扩大企业自主权实践的最大的理论支持。

② 1979年四川省的试点企业中，有84个地方工业企业的工业总产值比上年增长14.9%，利润增长33%，上交国家的利润增长24.2%。资料来源：田国强．中国改革：历史、逻辑和未来［M］．北京：中信出版社，2014.

的现象，甚至引发了物价上涨和社会经济混乱的局面。另一方面，包干的本质是要解决国家与企业的关系，但是包干的基数和递增的比例都是在政府和企业的协商中确定下来的，这在无形中又将政府和企业的利益捆绑在一起，企业仍然没有从条块分割矛盾束缚中解脱出来。这种由放权开始的渐进式改革并没有超越计划体制，而是在计划体制内寻找空间进行"搞活"，优点是改革阻力小，能够保证改革平稳推进，但给国家财政造成了一定困难，企业的微观运行机制没有改变，经济效益还是很低，并没有使企业尤其是国有大中型企业真正活起来。所以，"放权让利"仍需要其他体制改革的配合和支撑才能发挥更大的作用，特别是企业的经营方式问题和经营管理体制改革。

## 二、两权分离阶段

1984 年，党的十二届三中全会提出"要使企业成为相对独立的经济实体……成为具有一定权利义务的法人"，企业有权选择灵活多样的经营方式，通过努力改善经营管理来提高经济效益，要继续扩大企业自主权，增强企业活力，指出"所有权同经营权是可以适当分开的"。标志着我国国有企业改革进入以"两权分离"为特征的新阶段。在企业经营权和所有权分离的原则下，国有小型企业可试行租赁制、承包经营制；国有大中型企业要实行多种形式的经营责任制；少数有条件的国有大中型企业，可以进行股份制试点①。1989 年，国家各部委进一步规范了企业兼并这种产权有偿转让改革的原则、程序、估价等问题。国有企业之间的兼并，是市场竞争机制发挥作用的必然结果，其本质是经营权的转移，资产所有权仍属于国家和政府部门。这一时期的改革主线就是以不同途径和方式实现"两权分离"，突破计划经济体制的束缚，释放出市场空间，使企业真正成为自主经营的独立实体。所以，这阶段以承包制为主的国企改革是起到了一定的积极作用的，但是，承包制所取得的经营收益更多的是来自于资产规模和行业优势，到了 1990 年前后，企业利润下降，约 2/3 的企业处于实际亏损状

① 《国务院关于深化企业改革增强企业活力的若干规定》（国发〔1986〕103 号）。文件原文中使用全民所有制企业的说法。本书为统一称为国有企业，另外，当时的生产资料所有制事实上就是采取了社会主义国家所有的形式，所以称为国有企业在理论上也更贴切。

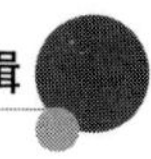

态。企业技术水平落后、产品适销不对路导致库存积压、企业冗员过多等问题都暴露出来，“三角债”前清后欠，经济效益无法提高。国有企业存在的诸多问题不是仅依靠承包制就能够解决的，所以承包制只能是国企改革的过渡形式，并没有从根本上改变企业的经营状况。政府机构仍然以行政方式行使国家所有权，而承包者只是在规定时限内拥有庞大国有资产的支配权，在这样的权利分配格局中，企业认为放权不足而政府担心企业失去控制，这样一对矛盾是这个时期的核心症结。这说明政企不分的现象并没有得到根本性解决，分离形式的规范化和透明度不够，进而导致相应的权责利约定不明确，产生很多投机分子以关联交易或损害企业长期发展为代价来为个人谋取私利的腐败行为。1991 年中央经济会议指出，这些问题的根源在于企业经营机制，将解决国有企业的活力问题上升到关系国民经济稳定发展的高度。1992 年，国务院提出继续坚持和完善企业承包经营责任制，创造条件试行股份制。

这一时期，经过进一步扩权，政府逐渐减少对企业的正式控制，使得国有企业的控制权从政府逐渐转移到企业管理层。但是改革尚未涉及股权结构和企业治理结构问题，没有触及所有制问题，被学者称为“不触及国家所有制的控制权改革”。这个阶段虽然所有制改革受到限制，但是股份制这种财产组织形式已经开始试行。股份制不仅具有“两权分离”的特征，更重要的是，股权与产权的分离将改革方向指向了产权制度变革。根据 1991 年对上海市股份制试点企业的调查，20 家试点企业的股本金总额达到 20.1 亿元，其中，国家股为 50%，法人股为 29.5%，个人股为 15.4%，外资股为 5.1%；国家股主要为公有制企业拥有的法人股占 79.5%，国有股仍为绝对控股状态。经过股份制试行，企业以成本最低、最快速的方式筹集资金，建立了适应市场经济规律的企业经营机制。虽然试点主要局限于上海等经济发达地区，还未在全国范围内广泛开展，而且多以筹资为主，但是对股份制的试点和探索，是国有企业改革开始转向所有权改革的一个关键步骤。

## 三、现代企业制度建立阶段

1993 年，关于企业的提法发生了明显的变化，中共中央的所有政策文件及领导人讲话中将“国营企业”改称为“国有企业”。这说明，改革的主导者进一步加深了对经营权和所有权分离的认知，国家明确了对国有企业的“所有权”，要彻底地将经营权从政府手中转移到企业经营者手里，这时需要探索一系列的激励约束制度来实现“经营权”的制度性让渡，国企改革从“放权让利”过渡到“制度创新”阶段。以转换国有企业经营机制为出发点，建立适应市场经济要求的现代企业制度。党的十四届三中全会将制度特征明确为“产权清晰、权责明确、政企分开、管理科学”，并成为国有企业改革的方向。随后出台的一系列改革政策把国有企业改革导向两个层面：一是大中型国有企业要建立现代企业制度；中小型企业要进行改组、联合、兼并、租赁、承包经营和股份合作制、出售等形式的改革。二是针对国有经济范围，采取有进有退、有所为有所不为的方针，使国有经济控制的行业和领域集中在涉及国家安全的行业、自然垄断的行业，提供重要公共产品和服务的行业，以及支柱产业和高新技术产业中的重要骨干企业。其他行业和领域国有经济可以有所收缩，通过引进其他所有制性质的经济成分以提高竞争程度，为国民经济注入更多活力。要着眼于搞好整个国民经济，调整国有经济战略布局，实行“抓大放小”的方针，收缩战线。1993 年，全国规模以上国有控股工业企业 10.47 万户，到 2000 年减少到 5.3 万户[①]。1998~2002 年，国家以纺织行业和煤炭行业为突破口，建立了优胜劣汰的竞争机制，采取“技改贴息”“债转股”“兼并破产，下岗分流”等措施放开搞活，并以规范破产、下岗分流、减员增效等政策配套。到 2000 年末，国有企业基本实现脱困，国有及国有控股工业实现利润 2300 亿元，比上一年度增长 1.3 倍。国家重点监控的 14 个行业中，机械、纺织、石油化工、医药、电力等 12 个行业都实现了扭亏为盈，83.7%的试点企业初步建立了现代企业制度[②]。

这一时期，国有企业完成内部改革和经营机制转换，通过改制基本构建了公司法人治理结构，在推进现代企业制度建设方面迈出关键一步。截至 1999 年，2473 家建立现代企业制度的试点企业中，有 2016 家企业依照《公司法》改为公司制企业。改制企业中，29.9%改为有限责任公司；35.4%的企业改为股份有限公司；34.7%改为国有独资公司。现代企业制度虽然在内容上明确了产权明晰的要求，但正式的所有权改革并没有被明确提及，真正体现现代企业制度内涵的公司治理模式、运作机制还没有实现

① 中经网统计数据库，规模以上国有控股企业主要指标。

② 宁向东．国有企业改革与董事会建设［M］．北京：中国发展出版社，2013：53.

突破，有些企业只是通过公司化完成改制①，治理模式上仍保持着行政化的运作方式，国企改革仍然没有从真正意义上进入所有权改革阶段。但是在进行现代企业制度试点的514户国有大中型骨干企业中，有83.7%的企业进行了公司制改革，其中282户整体或部分改为有限责任公司和股份有限公司，实现了投资主体多元化。这十年间，所有权改革与企业改制、重组交互进行，改革进程相对缓慢，其中一个重要原因就是在整个改制的过程中“政企分开”，缺乏一个有效的实现形式，国有资产出资人代表缺位，没有人对国有资产负责，造成国有资产流失，一批人在改制中暴富。2002年，国家经济贸易委员会等8部委联合发布859号文件②，细化了国有企业改革的方向和原则，推动国有企业改制，说明了出资人到位、权责明确的企业形式和制度对国有企业形成现代企业制度的重要作用。党的十六大明确由中央和地方政府分别代表国家履行出资人职责，享受所有制权益。由专门机构负责管理国有资产的时机已经成熟，国有资产管理体制改革即将启动，国有企业改革将进入一个新的历史时期。

## 四、国资监管阶段

要想实现“政企分开”，必须以“政资分开”为前提和保障，建立与社会主义市场经济体制相适应，符合现代市场经济原则的国有资产管理体制，形成以国有资产出资人制度为核心的国有资产运营监管体制。只有这样，国家的所有权政策才能有真正落实的可能性，有进一步建立公司法人治理结构的可能性，使企业能够在市场经济环境下竞争生存。2003年，国务院国有资产监督管理委员会挂牌成立，将原来分散在各部门的出资人职能集中起来，将国有企业管理的权力全部划归国资委，建立国有资产监督管理体系。国有企业改革进入以国有资产监管与管人管事结合的关键时期。党

① 在初期的企业改制中，仅仅是在工商部门重新注册，将原有的“全民所有制工业企业”转变为国有独资公司、有限责任公司或者股份有限公司，现代企业制度建立所需要的外部条件和监督机制并不完备。另外一种在实践中改制的具体做法是，将国有企业改造成为非国有企业或者包含非国有股的股份制企业，面向内部人的国有产权出售，即国有产权主要出售给职工和管理层，前者叫股份合作制，后者叫管理层收购。通过改制主要是完成企业的财务重组和资产重组，所以也并不能称为真正的所有权改革。

② 《关于国有大中型企业主辅分离辅业改制分流安置富余人员的实施办法》国经贸企改〔2002〕859号。

的十五届四中全会指出“到2020年国有企业改革和发展的目标是……基本完成战略性调整和改组，形成比较合理的国有经济布局和结构经济效益明显提高，科技开发能力、市场竞争能力和抗御风险能力明显增强……”859号文件要求“推进国有大中型企业主辅分离，辅业改制，分流安置富余人员……”这两个文件可以看作是国资委成立的指导性纲领文件，指明国资委在这一时期的两项重要任务：第一，将对国有企业改革的战略重点转移到提升国有企业市场竞争力上，国资委以出资人的身份向中央企业提出“突出主业，做强做大”的要求。针对国有企业投资方向过多、行业跨度大、内部管理混乱等问题，在进行“清产核资，摸清家底”后，国资委连续公布了两批中央企业主业名单，涉及国家安全和国民经济命脉的重点骨干企业都逐步明确了自己的发展主业。以主业为发展方向，围绕主业加大科研开发和技术改造力度，增强企业核心竞争力；严格控制非主业投资，固定资产投资、对外投资、并购等活动必须遵循“突出主业”原则，资源配置效率也随之提高。按照突出主业原则对国有企业进行资产重组、整合和优化资源配置，中央企业在国资委推动下进入“做强做大”阶段①。第二，实现政府公共管理职能和国有资产出资人职能的分离。国有企业承担着许多本应由政府承担的社会职能，比如学校、医院、“三供一业”等，造成企业营业外支出过大，效益低下，不利于国有企业参与市场竞争。据辛小柏（1997）调查，43.6%的受访者认为“企业办社会”是国有企业改革要解决的首要障碍。在这一时期，通过对中石油等企业的分离试点，解决“企业办社会”问题已经从为企业减负转为国资委主导下分离政府公共管理职能与国有企业经营性资产的延续性工作，为国有企业公平参与市场竞争、提高核心竞争力打下基础。国资委成立后，将196家国有企业纳入国资委监管（其中包括从中央企业工委接手的163家企业）②，这些企业被习惯性称为“中央企业”。国资委与企业间是“出资与被出资”的关系，是“出资人所有权与企业法人财产权”的关系。国资委通过对国有企业进行改制、主业划转和重组等方式，使中小企业逐步退出，国有经济战线收缩。从数量上看，2003~2007年已经有77家中央企业进行了41次重组，企业数量从

① 宁向东．国有企业改革与董事会建设［M］．北京：中国发展出版社，2013：58。

② 《中共中央关于成立中共国务院国有资产监督管理委员会有关问题的通知》（中发〔2003〕6号）。

196家减少为151家；到2012年底，监管企业总数为117家，其中重点领域骨干企业53家。从国有经济控制的领域来看，国有资本基本逐步从一般竞争性领域退出，主要集中于航空、能源、军工等重要资源或关系国民经济命脉的重要行业和领域。

国资委的成立解决了国有资产管理体制中最核心的环节——出资人缺位问题，突破了体制性障碍，保证了国有资产保值增值；各级国资监管机构之间，国资委与中央企业之间的组织体系明确，并形成了一定的激励约束机制，解决了以往国有经济管理部门机构臃肿、监管效率低下的问题，使国有资产利用市场机制发展壮大成为可能；完善了国有企业产权交易制度和监管机制，使国有企业改制和国有产权转让、重组和交易更加规范、信息更加透明、交易更加公平，有效推动了国有产权有序流转，防止了国有资产流失，国资监管工作取得明显成效。但是“政企、政资不分”的监管机制问题尚未彻底解决，国资委既是代表政府的出资人又通过行政权力管理国有企业，同时兼具股东和行政职能，被形象地称为“婆婆加老板”，也有学者称为“行政干预下的经营者控制”。这种治理结构带来了两个突出问题：一是“一把手腐败”的社会现象。2003年1月至2007年9月，全国纪委机关共立案调查国有企业案件71507件，其中27.5%为高管腐败案件；在已查处的腐败专案中，91%为“一把手腐败”。这些腐败的事实是公司治理水平低下的直接表现，尤其是这些国有企业高管所获得的控制权缺乏监督和制衡时，腐败现象会进一步强化。在国资监管体制下，国有企业管理者的选聘不是来自市场化机制，而是行政任命，大多数企业实行“党政一肩挑”，即党委书记、董事长、总经理都由同一人兼任的领导体制，形成了国有企业特有的“一把手”权利文化。企业内部形成“权威—服从”机制，下级无法对管理者的行为实施有效监督，若管理者对自身不加以严格约束，很容易滋生腐败行为。这种权利文化若在“下属学习与跟随效应”的强化下，将引发腐败氛围的蔓延，由个人腐败扩散至组织腐败。二是国有企业垄断。垄断行业一般出现在以下四种行业中：电力、铁路等公共事业；承担普遍服务任务的组织网络，比如邮政；稀缺资源以及军工等战略性行业，这些行业多年来都由国家管辖。国资委提出的国有资产保值增值和国有企业做大做强的原则，实际上是为国有企业获取优势资源和垄断地位提供了政策支持，为国有企业带来超额利润的同时，也带来内部人控制问题和损害公共利益的弊端，比如存在服务质量不高、职工收入偏高、经营效率低下、发展活力不足等问题。综上，国有企业这些问题的根源在于公司治理结构及内部制衡机制不完善等，所以，接下来的国有企业改革将重点着眼于国有资产监管体制和公司治理结构，提高国有企业活力和竞争力。

## 五、混合所有制改革阶段

混合所有制经济并不是新生事物，早在党的十五届四中全会就有“积极探索公有制的多种有效实现形式，以股份制形式发展混合所有制经济”的提法。到2002年，党的十六大将“积极推行股份制，发展混合所有制经济”与深化国有企业改革联系在一起。这一阶段的改革明确了“产权是所有制的核心和主要内容”，依法保护各类产权，保障所有市场主体的平等法律地位和发展权利。通过积极推动股份制改造发展混合所有制经济，实行产权多元化，鼓励企业整体上市，国有企业经营机制发生重大变化，90%以上的国有企业完成公司制改革；公司治理结构逐渐完善，多数企业按照《公司法》要求建立了股东大会、董事会和监事会；企业的管理水平、科学决策和风险防范能力大幅提升。但是在实际操作层面，经过公司制改革，仍有一部分企业的所有权没有被触及，有的只是重新注册更改了名称而已，有些则是改制成产权结构单一的国有独资公司。混合所有制发展“遇冷”主要源于以下几方面：“国有资产流失”“国有企业地位被削弱”“原有职工身份转换和安置问题”“国有股权的合法权益和话语权问题”。实际上，这些问题都与国有资本监管体系有密不可分的关系。虽然经过上一阶段的改革，国有企业资产质量和经营状况有了显著变化，但是国有企业产权改革还不到位，“政企、政资不分”尚未彻底解决，内部人控制等问题仍影响公司治理机制与效果。现行国资监管体系对公司治理造成了不良影响，与混合所有制难以兼容。要建立真正的现代企业制度，应该坚持“去监管、行股权、降比重”的方向对国资监管体系进行根本性改革。2013年，党的十八届三中全会重提“发展混合所有制经济”，同时为国有企业改革提出两个重要方向：一是鼓励非公有制企业参与国有企业改革，按照混合所有制模式进一步推进产权制度改革；二是以管资本为主完善国有资产管理体制。国资管理转向管资本是混合所有制改革中的一项基础性改革，经营性国有资产的实现形式由实物形态转为价值形态，从而有效地实现政企分开、政资分开的目标。2014年，各地政府重点推进以混合所有制改革为导向，以

管资本为主的国资国企改革。

这一阶段的混合所有制是实质性的产权制度改革。“新时代推进国有企业改革，要把发展混合所有制摆在突出位置，有利于国有企业转换经营机制，放大国有资本功能，提高资本配置效率运行效率，增强创新力和国际竞争力，以应对日益激烈的国际竞争和挑战”，这是党的十九大论述国企改革时聚焦混改的根本原因。到 2018 年末，国务院已经推出三批混合所有制改革试点，前两批 19 家中央企业已基本完成引入战略投资者、重构公司治理机制等工作，改革试点正逐步落地。试点企业通过混合所有制改革，经营状况明显改善，投资实力明显增强，杠杆率明显降低。东航物流通过引入外资和民营资本，员工持股，改革公司内部管理和激励机制，打造航空物流全产业链，2017 年营业收入同比增长超过三成，利润增长超过七成，净资产回报率达 53.25%，高于世界一流航空物流企业平均净资产回报率的 35%以上①。国有企业混合所有制改革深入企业内部治理机制的新局面正逐步形成。

# 第三节 混合所有制改革相关理论

## 一、产权理论

产权在国企改革实践中具有重要作用。产权是社会经济实践的产物，但无论是在马克思主义经济学，还是在古典经济学，抑或是新古典经济学、新古典综合派经济学的理论中，尚未真正涉及产权范畴。产权是社会经济发展到一定时期，在特定条件下产生的。20 世纪 80 年代末，产权开始与我国国有企业改革实践密不可分。作为社会经济实践的产物，产权拥有完整的体系结构，通常来说包括两种产权模式：单一所有权模式和受限所有权与分离权利束并存的模式②。在单一所有权模式下，产权等价于所有权，是关于财物的所有权利集合。在受限所有权与分离权利束并存模式下，产权

① 赵展慧．国有企业混合所有制改革成效显著［N］．人民日报，2018-04-03（10）．

② 张银杰．公司治理：现代企业制度新论［M］．上海：上海财经大学出版社，2017．

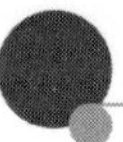


不仅包括所有权，还要包括从所有权中剥离出来的权利束。在后一种模式中，受益权独立于控制权，分属不同的经济主体。由此导致的一个问题就是，只拥有收益权的经济主体，由于没有控制权，会为了追求收益而不考虑资源损害；而只拥有控制权的经济主体，因为没有收益权，而失去认真改进管理控制方法从而提高效率的动力。从狭义上讲，产权是指投资主体对企业注资形成经营性资产所带来的权力，即产权代表了投资主体的权利。从广义上讲，产权是指财产所有权以及与所有权有关的财产权。由于所有权与产权主体可以分离，有产权的经济主体，不一定拥有所有权，这种情况在国企中十分普遍。国企使用国有资产作为其生产经营活动过程中的物质载体以及货币形式，因此产权的确立对社会经济的发展起到非常重要的作用。产权明晰，可以提高专业化分工协作的可能性；降低社会经济活动的交易成本；优化资源配置，提高效益；还能够起到保护并促进技术进步的作用。

产权理论的主要作用是平等地保护投资主体的利益，解决股东利益受侵害问题。社会化大生产的高度发达，出现了“经理革命”和“内部人控制”等现象，侵害了股东，尤其是中小股东的利益。产权理论就是为解决上述问题而产生的。

Burnham（1942）将公司经营权和所有权分离所导致的经理层控制权越来越大的现象称为“经理革命”。随着企业的发展，股东数量增多，股权日渐分散，股东权利日益削弱，经营权相对所有权日益增大，最终会出现过于强大的管理层，甚至可能出现总经理操纵董事会，进而操纵股东会的情况。这是由产权分化的基本趋势决定的，现代产权运动出现产权分化的趋势并基于此构建了现代法人治理结构，所以，“经理革命”是经济转型时期发展的必然结果。西方国家通过经济革命发展出权利相对分散且又相互制衡的有效治理结构，为公司治理和公司生存与发展奠定基础。而我国多年的国企改革实践虽然也遵循两权分离、现代企业制度构建的路径，却并没有引发真正意义上的“经理革命”。因为我国国有企业产权的所有者为政府，企业行为要兼具政治理性和经济理性。当经济理性和政治理性产生冲突时，需要依据政府理性行事，导致我国国有企业没有形成相互制衡的企业治理结构，反而出现国有企业产权越位、成为政府的附属物、政企不分等现象，这是国企改革无法取得突破的根本原因。“经理革命”的正效应是出现一支市场化的职业经理人队伍，负效应则是经营者掌握权力重心，弱

化股东和董事会职权，提高企业的监督成本及代理成本，还可能出现经营权侵犯所有权的现象。我国国有企业普遍呈现“一股独大”的股权结构，直接导致所有权与经营权的内部分离，同时也最有可能导致“经理革命”并进一步衍生出“内部人控制”问题。

“内部人控制”是建立产权理论的另一个原因。所谓“内部人”，即在企业经营管理中，利用工作便利获取个人私利的控股股东或管理者。从法律的角度看，“内部人控制”就是大股东控制；从事实角度看即为经理人控制。一旦由“内部人”控制了企业，那么在企业战略决策中必然充分体现“内部人”利益，很容易导致股东利益受到经营者侵害或中小股东利益受到大股东侵害。“内部人控制”问题是把“双刃剑”①，其正效应是有利于政企分开，发挥大股东的决策监督作用，减少企业治理成本并提高决策效率。但是我国国有企业在强政府下的“超强控制”造成的事实内部人控制，经理层不仅利用政府在国有企业产权上的“超弱控制”取得企业控制权，同时可以利用国有产权虚置推卸经营责任，转嫁经营风险，产生严重的机会主义行为，这必然造成国有资产被蚕食、转移甚至流失，滋生腐败问题。

“经理革命”和“内部人控制”，都有可能导致投资主体和产权主体的利益受到侵害。在我国，产权问题是社会主义市场经济发展的客观需求，也是深化国企改革的客观需求。经济体制改革以来，学者们认为国有企业难以搞活的主要原因有：经营权缺位、所有者缺位、政企不分和缺少“充分的信息”②。国企难以搞活是一个涉及社会、政治、经济的复杂的综合性问题，显然上述观点都存在一定的局限性。但无论是国内外的国有企业改革实践还是马克思、哈耶克、马歇尔、凯恩斯，抑或是科斯和斯诺都认为产权关系是最重要的，搞活国企的关键在于产权改革。

## 二、现代企业理论

现代企业理论是在新古典经济学的思想基础上发展而来的，近20年来在主流经济学中发展迅速，不仅丰富了传统经济学的内容，更重要的是改进了对企业及其内部组织制度运行和市场机制的认识。在新古典经济学的厂商理论中，将企业（厂商）看作是投入与产出之间技术关系的生产函数。

①② 张银杰．公司治理：现代企业制度新论［M］．上海：上海财经大学出版社，2017.

现代企业理论的核心观点认为企业是“一系列契约的有机组合[①]”，是人与人之间的交易关系；企业行为是企业成员、企业与其他企业之间的相互博弈过程。具体来说，现代企业理论有三个核心问题：第一，企业为什么存在？企业的本质是什么？如何确定企业和市场的边界？第二，企业所有权（剩余控制权和索取权）的最优安排怎样？第三，如何安排委托人和代理人之间的契约？委托人对代理人的监督和控制问题是什么？[②] 由此，形成了关注企业与市场关系的交易成本理论以及侧重于分析企业内部组织结构以及企业成员之间代理关系的代理理论。这两种理论都强调企业的契约性，基于契约的不完全性，所以企业的所有权安排是核心问题。因此，现代企业理论也称为“企业的契约理论”，交易成本理论和代理理论构成了现代企业理论的两个主要分支。交易成本理论侧重于企业与市场的关系，主要观点是企业和市场是两种可以相互替代的资源配置方式；而代理理论主要侧重于企业的内部结构与企业中的代理关系，张维迎（2014）从团队生产和委托代理两方面解释代理理论。

团队生产观点。企业作为一种特殊的合约，其合理性存在的基础在于团队生产函数的不可分离性。团队生产效率需要通过任命专业化的监督者和有效率的剩余产权配置来解决。Alchian 和 Demsetz（1973）基于团队生产过程的特征和产权配置，得出团队生产过程是区分企业和市场两种手段的关键。企业能够通过团队生产的合作行为获益，是因为发挥了专业化分工生产所带来的比较优势。但是由于团队生产技术的不可分离特性，团队成员的边际产出即个体贡献难以测量，边际生产率也就很难衡量。在给定个体的贡献很难衡量的条件下，团队成员很可能出现偷懒行为，这很容易导致生产率下降。解决的途径就是给团队监督者签约并给予一定的补偿，让监督者获得剩余索取权，以监督团队生产在最优水平下。首先，团队生产能提高生产率，这种导向的生产所使用的生产技术在衡量合作性投入的边际生产率时是有费用的，它使得团队合作生产仅通过市场交换进行，是更难以对偷懒进行限制的；其次，可以通过观察或确定投入的方式经济地估计边际生产率。在这两个必要条件同时作用下导致了企业这种组织形式的出现。Alchian 和 Demsetz 提出的团队生产监督的过程不一定有效率，但是

① 这里的契约指不完全合同。

② 张维迎．企业理论与中国企业改革［M］．上海：人民出版社，2014.

在没有剩余所有权配置时也可能获得效率。所以，Williamson（1979）认为团队生产只适合出现于小型工作组中，并不能用于解释大企业的存在。

委托代理理论。Mirrlees（1974）、Holmstrom（1989）认为团队理论不是企业内部协作的根本原因。企业内部协作源于所有者与管理者追求最小化代理成本的动机。委托代理关系就是委托人设计的用于激发代理人为其利益而形成的一个合约。在委托代理关系中，委托人和代理人的效用函数不一致必然会导致委托人与代理人之间的利益冲突。该理论的观点及结论基本源自理论模型的公式模拟，首先要假设委托权（契约的安排）是外生的。因此，在现代企业理论中“无论企业的股东是谁，经营者必须享有一定的剩余索取权”，这是委托代理理论的一个基本命题。因为企业经营者的行为难以监督，所以监督经营者最有效的办法就是剩余索取权。但是张维迎（2014）[①] 认为由于经营者才能无法观测，应该保证经营者的“优先选择权”，即最好是公司的“内部股东”。

## 三、公司治理理论

公司治理问题源于现代企业所有权与经营权相分离的基本特征。在两权分离下，产生了一系列“委托代理问题”，这是经济学理论中对公司治理问题的一般解释。也有学者将其总结为信息不完备和不对称条件下的监督与激励问题。以股东为代表的所有者一方为委托方，实际拥有经营权的公司管理者为代理方，委托方与代理方的利益不一致构成了公司治理中的主要矛盾。具体表现为三类矛盾或利益冲突：股东与管理层之间的利益矛盾；控股股东与中小股东之间的矛盾；股东与债权人之间的利益冲突，这三类矛盾在股权结构不同的企业中，表现的程度不尽相同，但是解决委托人和代理人之间的利益冲突始终是核心问题。因此，如何激励管理者为实现所有者的最大化利益努力工作，保护不直接参与公司运营管理的委托方利益是公司治理问题要研究和解决的主要内容。在股权集中度较高的企业，可能出现股东与经理人之间的利益冲突（经典委托代理问题）和大股东与中小股东之间的利益冲突（双重委托代理问题）同时存在的情况。此时，除了解决大股东控制权配置结构问题，还要考虑中小股东利益的保护机制

---

① 张维迎．企业理论与中国企业改革［M］．上海：人民出版社，2014.

问题。

在委托—代理关系下，传统的公司治理体系重点关注股东和董事会之间、董事会与执行层之间的关系和责任。为了保障出资者的利益，在出资者、董事会和经理层之间形成的控制权分配安排，同时还包括一整套监督、激励、控制和协调的制度安排，也被称为公司治理结构。然而，完整的公司治理除了内部治理以外，还必须包括外部治理。公司外部治理机制通过产品市场、经理人市场、资本市场和控制权市场发挥作用，主要依靠市场竞争机制对企业产生间接治理作用，是企业内部治理发挥作用的基础，并为企业实施治理提供充分的信息。完备的、自由竞争的市场经济体系是公司治理的前提，只有综合考察公司内部和外部治理体系，才能更好地解决代理问题，完善公司治理的机制和功能。

公司内部治理机制，即公司法人治理结构。从狭义上讲，是关于股东权利、董事会功能、结构等方面的制度安排，简称“三会一层”的公司内部运作体系，是基于权力制衡关系解决公司内部委托代理问题的一种机制（见图 3-1）。从广义上讲，是关于剩余索取权和剩余控制权配置的相关制度、法律安排等，是一套用于解决经理激励和选择问题的机制。公司内部治理主要解决两类问题：一是股东与管理层之间的利益冲突，即腐败、在职消费、管理层短视等代理问题；二是大股东通过隐蔽手段，比如关联交易、金融抵押、资产置换等，转移中小股东利益的“隧道行为”①。

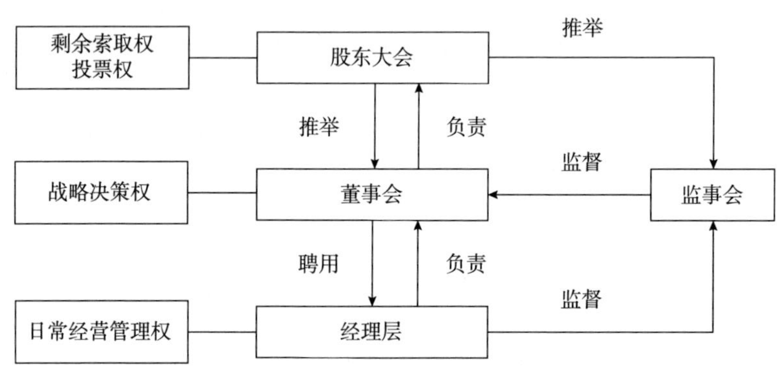


**图 3-1　公司内部治理机制及“三会四权”制衡关系**

① 张银杰．公司治理：现代企业制度新论［M］．上海：上海财经大学出版社，2017.

公司外部治理，是相对于内部治理而言的，主要是通过市场、法律和外部监督等方面实现对公司的治理，以防管理层在行使职权时滥用权力。市场对公司的治理是公司外部治理机制中的核心内容，包括产品竞争市场、资本市场（主要指所有权结构与公司治理的关系）、企业控制权市场以及劳动力市场。法律是外部治理中的主要监管机制，Denis 和 McConnell（2003）说明了通过法律监管和公司治理结合可以保护股东和债权人的利益。其他外部监督主要包括媒体的作用、资本市场的信息提供、服务市场（如企业外部审计）与公司治理的关系等。

来自公司外部的监督和市场环境压力以及内部的激励机制都是改善公司治理的驱动因素①。公司内部治理是以企业本身为治理载体进行的以产权为主线的内在制度安排，而外部治理是在市场体系中以市场竞争规则为主线的外在制度安排，两种机制在一定条件下还可以相互替代，也可以产生互补效应共同解决代理问题②。外部治理需要通过内部治理起作用，内部治理可能会在外部治理的竞争压力下得到进一步完善。

## 第四节　本章小结

本章较为全面地回顾和追溯了从 1978 年改革开放至今的国有企业改革历程，历经放权让利、两权分离、现代企业制度建立、国资监管及混合所有制改革五个阶段。我国国有企业改革始终沿着产权改革的路线，由试点企业实践到广泛推广再到上升为政策文件的路径渐进式推进。混合所有制改革是社会主义市场经济根本性的制度创新。混合所有制改革改变了国家所有制的控制权，是从真正意义上进入所有权改革阶段。沿着产权改革这条主线，现阶段的混合所有制改革需要以公司治理为核心。

随着改革的不断深化，混合所有制经济的内涵也不断丰富和变化，本书从广义和狭义、宏观和微观、实践和理论三个层面解释其内涵。从资本混合的角度定义了混合所有制经济，认为具有完整市场化特征的资本流动应同时兼备异质股权多元化和市场化的特征，即为“混”。混合所有制改革

① 张银杰．公司治理：现代企业制度新论［M］．上海：上海财经大学出版社，2017.

② 李维安，郝臣．公司治理手册［M］．北京：清华大学出版社，2018.

不仅需要以产权改革为基础，还需要一套完整的市场机制来维护不同所有制资本面对市场竞争的平等性，这是接下来的混合所有制改革应该考虑的外部配套条件。接下来，本书将以产权理论、现代企业理论和公司治理理论为基础对东北地区国有高端装备制造企业混合所有制改革的问题进行分析。

# 第四章
# 东北地区国有高端装备制造企业混改问题分析

## 第一节　高端装备制造企业的识别

### 一、高端装备制造业的内涵及产业特性

近年来，借着国家制造业转型升级的契机，装备制造产业不断地创造和吸收先进的技术成果，变革生产方式和发展模式，不断向高端装备制造演变。高端装备制造业是以高新技术为引领的装备制造业高端领域，是装备制造产业中技术密集程度最高的产业。高端装备制造业发展的纲领性文件《高端装备制造业“十二五”发展规划》[①] 中指出，高端装备主要包括传统产业转型升级和战略性新兴产业发展所需的高技术、高附加值装备。

学者们对高端装备制造业的定义有：高端装备制造业是指富含多领域高精尖技术、先进设备的机械装备制造业，其产品功能巨大，处于价值链高端和产业链核心位置（罗福凯，2013）。高端装备制造业是主要生产制造高技术和高附加值先进设备产品的行业，它是以各类新兴技术、工业技术和信息技术为基础，为我国各大行业提供了先进技术和装备的行业（李艳，2014[②]）。林迎星等（2019）强调应基于创新驱动的视角理解高端装备制造业的内涵，从创新投入、产出和创新环境维度说明高端装备制造对实现经

① 高端装备制造业“十二五”发展规划［EB/OL］.［2012-05-07］. http：//roll. sohu. com/20120507/n342552470. shtml.

② 李艳 . 大连市高端装备制造业竞争力提升战略研究［D］. 大连交通大学，2014.

济的高质量增长的重要意义。

本书认为高端装备制造业除了高技术、高附加值和高投入的“三高”特征之外，高产业关联度是更为关键的特征。高端装备制造是传统装备制造的母机，是制造业的前端，为其他产业发展提供了装备基础和技术基础，能够对制造业发展产生辐射带动作用。高端装备制造产业包括装备制造业的高端部分和新兴产业的高端部分，对于驱动制造业和国民经济的高质量发展具有重要意义，未来将朝着创新驱动、多元融合和环境友好的方向发展。

高端装备制造业是具有中国特色的“高端环节的装备制造业”，是现代产业体系的脊梁，是推动装备制造产业升级、工业转型升级的重要引擎；是带动装备制造业“由大到强”的突破口，其“高端”主要体现在以下三个方面：

### （一）高技术性

未来国与国之间的竞争，关键在技术。只有以科研作为高端装备制造产业的开路先锋，打破国外的技术垄断和封锁，才能支撑企业在愈发激烈的国际竞争中立于不败之地。高端装备制造业属于高新技术产业，需要众多高精尖技术支撑。高端装备制造业也是高智力产业，体现了多学科和多领域高精尖技术和知识的继承。高端装备制造企业以技术为基础性资产，主要包括新兴技术、工业技术和信息技术，这些技术和知识的发展、积累、共享和整合又进一步促进了高端装备制造业的发展。高精尖技术是高端装备制造业发展的基础，在众多跨领域的技术集成基础上发展起来的高端装备制造业也将继续孕育、研发出新的高精尖技术。

航空航天领域，东北地区以“三大动力”制造闻名全国，以哈尔滨工业大学为代表的科研院所的科研成果，例如“星地激光通信”、“精密离心机”、空间交会对接的CCD标识与定位系统等，打破了国外的技术封锁，成为我国在该领域科学技术先进性的代表；卫星与应用产业领域所拥有的自主技术关乎国家安全。我国是全球少数几个独立研制大容量通信卫星的国家之一，在轨民用遥感卫星数量居全球第二①，遥感卫星已经迈入亚米级高分辨率时代；我国的轨道交通装备产业在高寒动车、城际动车以及智能列车的研发、制造方面在全球处于领先地位。中低速磁悬浮自出创新技术、高度

① 截至2012年5月，全球在轨遥感卫星256颗，其中民用146颗、商用30颗、军用80颗；在轨民用卫星数量，美国27颗、中国13颗、德国10颗、印度9颗、欧洲航天局7颗。

磁悬浮导向和牵引控制等关键技术正在逐步完善中。另外，交通领域本身具有碳排放量大的特点，在“绿色化”制造的背景下，节能环保的轨道交通装备制造技术也将成为未来的研发重点；海洋装备产业在世界范围内呈现“欧洲设计、亚洲制造”的格局，钻采、动力、电气控制关键设备的配套供应都掌握在欧美和日本等发达国家和地区手中。在海洋工程装备产业的9项重点产品①中，东北地区在其中3项具有较强的研发实力，黑龙江省在动力定位系统的研发实力位居全国首位，辽宁省对LNG-FPSO②、自升式海洋平台的研发实力位于全国第二③。海洋工程装备产品成套性特点较强，产业辐射能力强。未来，海洋高端装备产业亟须在海洋深水勘探装备、海洋风能利用工程装备、海水淡化装备等的技术研发和建设制造方面有所突破，才能实现我国海洋强国的战略以及海洋经济的可持续发展；智能制造领域，沈机集团在整机运动控制技术、数字伺服驱动技术上实现突破，成功研发出全球领先的智能互联i5智能控制系统。未来在WIS智能车间管理系统和ISESOL平台互联网等核心技术的基础上继续打造“5D智能制造谷”④，有望成为全球领先的智能终端平台。另外，我国在服务机器人领域诞生了新松机器人、哈工大、科沃斯等龙头企业。智能机器人领域的环境感知传感器和信号处理方法、控制系统与结构、复杂任务和服务的实施规划、人—机器人接口等关键技术也正在不断突破中⑤。

### （二）高附加值

基于高技术的特点，高端装备制造业成为空间科学和航空航天技术、材料科学以及新材料技术、光电一体化技术、地球科学和海洋工程技术、高效节能技术、医药科学技术等跨领域的一种集成，能够比传统制造业创造出更高的产品附加价值。所以，高端装备制造业的产品，一般功能价值合理，具有高投入产出比，因而产品价值增值大、利润高、效益好。比如

---

① 9项重点产品，即自升式海洋平台、半潜式海洋平台、立柱式平台、张力腿平台、LNC-EPSO、风电设备安装船、深海锚泊系统、动力定位系统、海水淡化设备。

② 液化天然气浮式生产储卸装置。

③ 王兴旺．高端装备制造产业创新与竞争力评价研究——以上海海洋工程装备产业为例［J］．科技管理研究，2018，38（11）：36-40.

④ 沈阳机床博望i5智能制造谷项目签约［EB/OL］．［2017-10-19］．http：//www.jc35.com/news/detail/67783.html.

⑤ OFweek报告：全球服务机器人产业区域分布及关键技术。

船舶、机床等就属于典型的高附加值产品。高端装备制造是一国制造业的核心领域，关乎国家制造的前途和命运，决定一国制造业是否具有全球发展的话语权和主动权。由低附加值转向高附加值是高端装备制造业成长的原动力。以卫星及应用产业为例，该产业具有完整且较长的产业链，按结构可分为产业基础、产业中游和产业下游三个部分，涵盖了从研发、生产、制造到应用的全部领域；涉及地面接收、数据处理技术、增值数据产品加工、信息产品生产、遥感与GIS、导航技术的融合；涉及国防安全、国民经济建设、社会公共服务等各个领域。自2006年以来，卫星应用产业收入持续增长，到2011年卫星产业收入达1773亿美元，占整个航天产业的61%。

### （三）高产业关联度

高端装备制造业为众多经济部门提供生产所需的机器设备和技术支持，通过高精尖技术的研发与应用，不断生产先进的智能化设备，极大地提高了装备制造业及其他关联产业的生产效率，具有很强的辐射作用。从产业之间的供给和需求联系来看，高端装备制造业的高技术特征也决定了该产业具有较强的前向联系和后向联系①。高端装备制造业通过供给与节能环保、医疗卫生、新材料、新能源汽车等产业部门相关联，是这些战略性新兴产业的基础产业和母机制造产业，产生较高的前向关联效应。高端装备制造业的后向联系体现在通过需求与煤炭采掘业、金属制造业等产业部门发生的关联。高端装备制造业作为前向联系和后向联系“双高”的产业，不仅能够在相关产业的支撑和促进下更好地发展，而且能够通过关联效应带动其他产业的发展，最终通过影响扩散和波及效应促进国民经济的发展。以海洋工程装备制造业为例，其直接关联产业——海洋油气业、海洋工程建筑业、海洋船舶工业的增加值都会随着海洋工程装备制造业的发展而大幅提升，其增加值总和占国内生产总值的比例也将实现同步增长。

## 二、高端装备制造业的分类

2012年，工业与信息化部明确规划了高端装备制造业发展的重点和方向为航空装备、卫星制造与应用、轨道交通设备制造、海洋工程装备制造

① 艾伯特·赫西曼. 经济发展战略［M］. 曹征东，潘照东，译. 北京：经济科学出版社，1991.

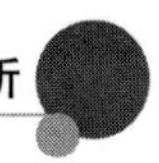

和智能制造五大领域。2015 年，国务院发布《中国制造 2025》，瞄准制造业“质量提升、创新驱动、自主发展”的目标，重点指出五大工程和十个领域，为高端装备制造业提供了更细化的发展领域和方向（见表 4-1）。

**表 4-1　高端装备制造业的纲领性文件及发展领域和方向**

| | 发布时间 | 发布部门 | 文件名称 | 重点方向或细分领域 |
|---|---|---|---|---|
| 纲领性文件 | 2012 年 | 工业和信息化部 | 《高端装备制造业“十二五”发展规划》 | 5 个：航空装备、卫星及应用、轨道交通装备、海洋工程装备、智能制造装备 |
| | 2015 年 | 国务院 | 《中国制造 2025》 | 10 个：大型飞机、航空发动机及燃气轮机、民用航天、智能绿色列车、节能与新能源汽车、海洋工程装备及高技术船舶、智能电网成套装备、高档数控机床、核电装备、高端诊疗设备 |
| 国家层面 | 2016 年 | 工业和信息化部（待发布） | 《高端装备制造业“十三五”发展规划（草案）》① | 8 个：航空航天装备、海洋工程装备及高技术船舶、先进轨道交通装备、高档数控机床、机器人装备、现代农机装备、高性能医疗机械、先进化工成套装备 |
| | 2016 年 | 工业和信息化部、国家发展和改革委会员、科技部、财政部 | 《高端装备创新工程实施指南（2016-2020 年）》 | 10 个：大型飞机、航空发动机及燃气轮机、民用航天、智能绿色列车、节能与新能源汽车、海洋工程装备及高技术船舶、智能电网成套装备、高档数控机床、核电装备、高端诊疗设备 |
| 地方层面 | 2015 年 | 浙江省发改委 | 《浙江省高端装备制造业发展规划（2014-2020 年）》 | 10 个：节能与新能源汽车及先进交通装备、高端船舶装备、光伏及新能源装备、高效节能环保装备、智能纺织印染装备、现代物流装备、现代农业装备、现代医疗设备与器械、机器人与智能制造装备、关键基础件 |

资料来源：笔者根据相关政策文件整理得到。

①十三五重点发展八大行业 高端装备步入政策红利期［EB/OL］.［2016-03-15］. http://finance.sina.com.cn/roll/2016-03-15/doc-ifxqhnev6061375.shtml.

刘芳和王宇露（2017）瞄准高端装备制造产业快速发展的要求，重点研究高档数控机床和机器人装备、农机装备、电力装备、节能与新能源汽车、先进轨道交通装备、航空航天装备、海洋工程装备及高技术船舶8个领域。齐兰等（2018）依据《战略性新兴产业分类（2012）》（试行）并结合各年投入产出表的产业分类和数据可获得性，将海洋工程装备与船舶制造合并到一起，按“海洋工程装备与船舶制造业”考虑，这样就形成了“海洋工程装备与船舶制造业、航空与卫星装备制造业、智能测控装备制造业、轨道交通装备制造业”4个子行业。由此可以看出，随着近年来我国制造业“数字化、智能化、网络化”的发展，高端装备制造业相关领域的划分也随之变化，涵盖的领域越来越细化，而且都是引领装备制造业发展新趋势的领域。因此，我们在界定高端装备制造业的重点领域时应该考虑到高端装备制造业的未来发展趋势，贺正楚（2013）基于高端装备制造数字化、个性化、虚拟化的发展方向，特别关注了新能源汽车、风能利用设备、（军工企业）民用航空装备、高端电力牵引轨道交通装备、中高端工程机械装备五个领域。“智能化、绿色化、网络化”是装备制造业未来高端化的方向，因此，机器人、智能家电、智能汽车等智能终端设备、增材制造、新材料、环保、生物医药等现代化产业领域都可能成为高端装备制造业未来发展的重点领域。

高性能医疗设备产业。在医疗装备产业中，美欧等国家和地区长期占据技术垄断地位，核心技术、材料、部件大部分由国外公司垄断[①]。我国80%以上的高端医疗设备依赖进口，要打破这种现象，必须加快高性能医疗设备研发制造的国产化进程。在2016年的“科技三会”[②]上，习近平代表国家释放出扶持国产高性能医疗设备的信号。目前，我国在磁共振成像技术、射频与梯度线圈、谱仪等关键技术和关键部件的制造水平上，已经达到或接近国际先进水平。从事医疗装备研发、生产和销售的企业也逐渐增加，并且大多数企业拥有生产高端医疗设备的资质与能力。高性能医疗设备包括高端影像诊断设备、数字化一体手术室、手术机器人、先进治疗设备等。在科技强国战略和健康中国战略下，要在2020年实现我国医疗器械

① 主要是指通用、西门子、飞利浦三家公司，是行业内占据垄断地位的巨头。

② 2016年5月30日，全国科技创新大会、两院院士大会、中国科协第九次全国代表大会在人民大会堂召开，合称“科技三会”。

与技术水平进入世界先进行列的目标，必须鼓励和推动创新，促进医疗装备研发技术的推广与应用，推动高性能医疗设备行业发展。

节能环保装备制造产业。"十三五"规划中已经明确将节能环保领域确立为战略性新兴产业。环保设备的研发与制造不仅满足"三高"的产业特征，同时具有高产业关联度。赵炎和陈建有（2013）通过灰色关联度模型计算节能环保产业与装备制造业之间的关联度为 0.7966，其中与通用设备制造业的关联度超过 0.8，与专用设备制造的关联度为 0.7479，说明两个产业间关联度较高，产业发展联系紧密，具有深度协同发展的基础。近年来，以辽宁省神雾节能为代表的企业已经开始转向节能环保技术和设备的研发制造。因此，本书将环保装备制造也列入高端装备制造业的重点领域。节能环保产业需要以装备制造业为基础，高端装备制造本身也必须符合节能环保的要求。在工业 4.0 时代，制造业发展的方向不仅要数字化、智能化，还要绿色化。因此，"绿色制造"应该作为高端装备产业的重点领域，大力推进高效节能的环保技术与装备研发，不仅能为高端装备制造业降低环境保护支出，履行企业的社会责任，摆脱有害气体、污染废物等排放对企业发展的硬约束；同时也能保证国家的核心利益，促进循环经济的发展。故本书将节能环保设备制造列为高端装备制造业的重点领域之一，将主业为节能环保技术研发和制造的企业也列为研究对象。

结合东北地区产业发展实际，本书研究的高端装备制造业所涉及的细分领域包括：航空装备、卫星及应用、轨道交通装备、海洋工程装备、智能制造、高性能医疗设备、节能环保装备共 7 个领域。

## 三、高端装备制造企业的统计标准

东北地区高端装备制造企业应根据《国民经济行业分类》（GB/T 4754—2017）并结合省属企业实际，可采取行业法和企业法统计。本书参考孙景新(2012)[①] 的统计标准：第一，根据"十二五"规划指明的重点领域和方向，在企业的主营业务中包括航空装备、卫星及应用以及节能环保装备等 7 个领域中的一个或几个。第二，主营业务中"高端装备制造"部分的年营业收入占企业当年总营业收入的 30%以上（如果未达到 30%，但在企业经营范

① 孙景新．我国高端装备制造企业的技术研发投入及其效益分析［D］．中国海洋大学，2012.

围中明确表示发展高端装备制造的企业也应包括在内)。满足其一即可界定为高端装备制造企业。基于此，对东北地区高端装备制造企业及所对应行业、领域做如下界定，见表4-2。

**表4-2　东北地区高端装备制造企业及细分领域**

| 重点领域 | 代码[①] | 行业大类名称 | 主要业务活动 | 代表企业 |
|---|---|---|---|---|
| 航空装备 | 37 | 铁路、船舶、航空航天和其他运输设备制造业 | 航空器制造<br>飞机制造 | 哈尔滨飞机工业集团有限公司 |
| 卫星及应用[②] | 40 | 仪器仪表制造业 | 航天光学遥感<br>卫星载荷研发制造 | 长春光机所[③] |
| 轨道交通装备 | 37 | 铁路、船舶、航空航天和其他运输设备制造业 | 城市轨道交通设备制造 | 沈阳南车时代交通设备有限公司 |
| | 37 | 铁路、船舶、航空航天和其他运输设备制造业 | 铁路运输设备制造 | 中车长春轨道客车股份有限公司 |
| 海洋工程装备 | 35 | 专用设备制造业 | 海洋工程专用设备制造 | 中远船务工程集团有限公司 |
| | 37 | 铁路、船舶、航空航天和其他运输设备制造业 | 船舶及相关装置制造 | (大连)造船有限公司 |
| | 40 | 仪器仪表制造业 | 海洋专用仪器制造 | 锦州航仪船舶配套有限公司 |
| 智能制造 | 34 | 通用设备制造业 | 数控机床 | 沈阳机床股份有限公司 |
| | 40 | 仪器仪表制造 | 机器人工程制造 | 新松机器人自动化股份有限公司 |
| | 38 | 电气机械和器材制造业 | 新型传感器 | 西门子传感器与通讯有限公司 |
| 高性能医疗设备 | 35 | 专用设备制造业 | 医疗设备制造 | 东软医疗系统股份有限公司 |
| 节能环保装备 | 35 | 专用设备制造业 | 环保设备制造 | 神雾节能 |

① 《国民经济行业分类》(GB/T 4754—2017)。

② 卫星及应用产业主要是以空间基础设施及其信息应用服务体系为核心，包括对地观测、通信广播、导航定位等卫星系统和地面系统，比如卫星导航、卫星遥感、导航定位等。

③ 中国科学院长春光学精密机械与物理研究所。

黑龙江、吉林和辽宁三个省份的高端装备凭借各自优势基础各具特色。黑龙江省拥有航空装备、数控系统行业的龙头企业，产业基础好并且有一定的竞争力；吉林省在轨道交通装备方面具有产业优势，在航天光学遥感和卫星领域具有技术和研发优势，在高端装备制造业中涉及轨道交通装备、卫星遥感及应用、航空设备、光电设备、环保设备和高端医疗仪器设备6个重点发展领域；辽宁省地处环渤海地区，这是我国装备制造业的最大集聚区，同时也是高端装备设计研发和制造基地。辽宁省凭借区位优势重点发展海洋工程装备、智能机床、机器人产业，将成为东北地区智能装备制造的核心区域。

## 第二节　东北振兴与高端装备制造企业混合所有制改革

### 一、东北振兴相关政策及政策效果

经过1998~2002年的国有企业改革，东北老工业基地国有企业基本完成内部改革和经营机制转换，同时也出现了大量的下岗和失业工人，就业矛盾突出，进一步凸显了体制性和结构性矛盾；东北老工业基地企业设备和技术老化，竞争力下降，经济发展步伐相对缓慢，与沿海发达地区的差距不断扩大，再加上许多资源性城市出现资源枯竭现象，主导产业衰退甚至出现经济停滞，东北地区经济发展遇到瓶颈。2003年10月，党中央、国务院正式实施启动第一轮东北振兴战略，发布《关于实施东北地区等老工业基地振兴战略的若干意见》助力推动东北加快发展，一定程度上为东北地区摆脱20世纪90年代初“东北问题”的困难局面、重新走向经济振兴之路奠定了重要基础。自2003年东北振兴战略正式启动，仅在2004~2013的十年间国家及各级政府出台了52项政策助力东北地区发展，内容涵盖产业（企业）政策、财税金融政策、资源型城市转型政策、社会保障政策、

开放政策及其他相关政策①。

此轮振兴政策短期刺激效应明显。1998 年来，东北地区大批国有企业改制重组，出现一大批下岗职工，经济增长放缓，经济出现衰落。在此背景下，2003 年以来国家实施的政府主导型东北振兴战略的实践绩效是非常显著的，东北地区经济总量显著增加。大量的专项政策为东北地区经济发展注入活力，为东北经济带来黄金增长的十年。从经济增长率来看（见图4-1），东北三省的经济增长率普遍高于全国水平，吉林省 2008 年年均增长率达到 16%，高于全国平均水平 6.3 个百分点。

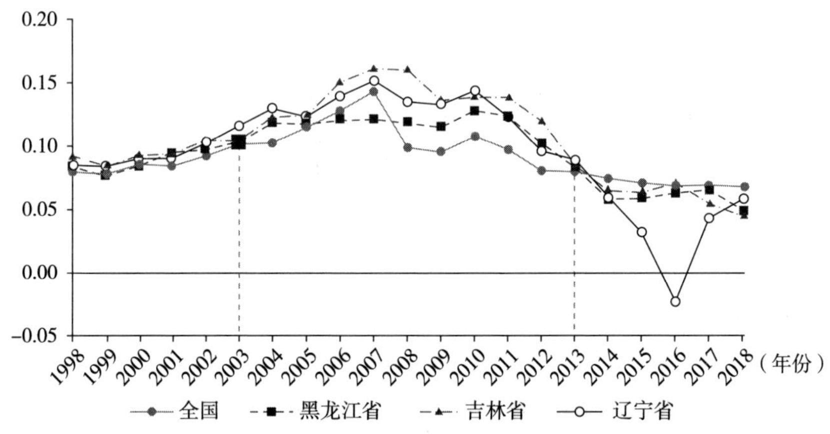


**图 4-1　1998~2018 年东北地区及全国 GDP 增长率**

资料来源：笔者绘制。

2013 年开始，当中国经济发展进入由高速增长转为中高速增长的“换挡期”，进入以速度变化、结构优化、动力转化为特点的新常态，东北经济再度出现一系列问题，直接表现为经济明显减速，东北三省 GDP 增速在全国 31 个省份排行中位列倒数的位置，被称为“新东北现象”。2015 年 4 月，

① 根据新华社专题网振兴东北网发布的政策整理。第一轮东北振兴战略国家层面的指导文件有 2003 年《关于实施东北地区等老工业基地振兴战略的若干意见》和 2009 年《关于进一步实施东北地区等老工业基地振兴战略的若干意见》；其他层面的相关政策有：《关于加快东北地区中央企业调整改造的指导意见》《关于东北地区老工业基地土地和矿产资源若干政策措施》《关于促进东北老工业基地进一步扩大对外开放的实施意见》《东北地区开展厂办大集体改革试点工作指导意见》《辽宁省外商投资优势产业目录》《关于豁免东北老工业基地企业历史欠税》有关问题的通知《国务院关于同意设立黑龙江绥芬河综合保税区的批复》《东北资源型城市首批专项投资计划》《辽宁沿海经济带发展规划》等。

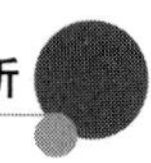

李克强总理在吉林省座谈东北三省经济形势时，提出“新一轮东北振兴”方针。继续深化改革开放，优化发展环境，创新发展理念，创新体制机制，推动东北经济脱困向好。同年7月，习近平总书记在吉林省调研时提出“增强内生发展活力和动力”的老工业基地振兴新思路，鼓励东北大力改革创新，力争到2020年实现中高速增长。2016年政策密集出台，连续印发振兴政策①，正式开启新一轮全面东北振兴规划。这充分体现了国家对东北经济战略位置的肯定和重视，凸显了排除万难、全面振兴东北经济的决心。本轮对东北的振兴仍在不断地持续和深入中，而且更加具有针对性。东北地区国有资本效益低，体制机制矛盾突出，国家通过推广复制东部发达省份高效运转机制的经验，发挥制度优势推进区域间合作，争取在2020年通过对口合作取得东北振兴的实质性成果。2018年3月30日，国家发改委连续下发7文②公布东北地区与东部地区对口合作方案，主要通过在国有企业改革、民营经济发展、对内对外开放、行政管理体制改革等领域广泛开展合作，推动东北地区体制机制的创新变革。

第二轮振兴后，体制机制惯性问题凸显。2013年东北地区GDP增长率开始下降，2014年全国平均增长率为7.3%，东北三省平均增长率仅为5.9%。辽宁省经济下滑最为严重，呈现“断崖式”下跌，2016年甚至出现负增长。这期间东北地区经济增速基本处于全国垫底位置。虽然全国经济进入到“三期叠加”的时期，经济增速都有所放缓，但是东北经济过于突兀的骤降出现了经济失速的“新东北现象”，也反映出东北经济的深层次问题。固定资产投资是2003年以来推动东北地区经济快速增长的主要动力，以辽宁省为例（见图4-2），可以看出2003~2012年固定资产投资对GDP

① 2015年12月30日，习近平总书记主持召开中共中央政治局会议，审议通过《关于全面振兴东北地区等老工业基地的若干意见》。会议提出，到2020年，东北地区要在重要领域和关键环节的改革上取得重大成果，转变经济发展方式和结构性改革取得重大进展，经济保持中高速增长。2016年4月26日，《中共中央　国务院关于全面振兴东北地区等老工业基地的若干意见》发布。2016年8月，国家发展和改革委员会印发了《推进东北地区等老工业基地振兴三年滚动实施方案（2016-2018年）》，自2016年8月起实施。2016年12月19日，国家发展和改革委员会印发《东北振兴“十三五”规划》。

② 2018年3月30日，国家发改委连续发布〔2018〕（432-438）号文，印发了关于东三省和江浙粤三地以及哈尔滨与深圳等城市间对口合作实施方案。分别是：《辽宁省与江苏省对口合作实施方案》《吉林省与浙江省对口合作实施方案》《黑龙江省与广东省对口合作实施方案》《北京市与沈阳市对口合作实施方案》《上海市与大连市对口合作实施方案》《天津市与长春市对口合作实施方案》《哈尔滨市与深圳市对口合作实施方案》。

增长的拉动作用。而2013年以来，伴随着持续推进的产能过剩治理和全国性的投资减速，固定资产投资的锐减对东北钢铁、冶金、装备制造等传统产业产生巨大冲击，投资增速下降直接造成了经济整体失速。故过去十多年东北经济高速增长的一个重要原因是由投资的GDP占比过高推动的，两轮东北振兴过后，东北地区全要素生产率并没有得到明显增长，证明了“输血式”的振兴并没有带来经济增长质量的提高，没有从根本上消除阻碍东北经济发展体制的惯性特征。在全国经济下行压力下，东北地区原有产业结构和经济结构受到严重冲击而变得更加脆弱，从而导致东北经济骤然失速。

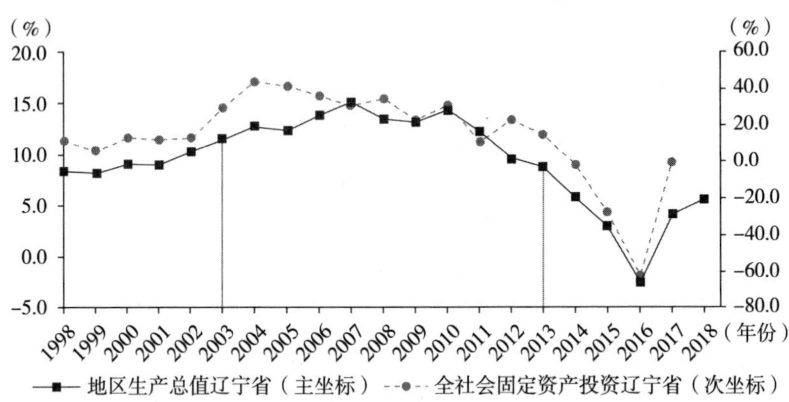


**图4-2　1998~2018年辽宁省固定资产投资与国内生产总值对比**

资料来源：笔者绘制。

进入新时期后，全国经济下滑，原有以投资拉动为主线的振兴战略政策模式难以为继。首先受影响最大的就是国有企业，过度投资带来的产能过剩是国有企业面临的突出问题。煤炭、钢铁等初级资源型企业逐渐成为夕阳产业，在市场竞争中渐无优势，再通过注资的方式也无振兴之可能，应适时安排此类产业的退出机制，继续淘汰落后产能，处理“僵尸企业”。同时加紧传统优势产业提升改造和新型产业培育，推动传统装备制造企业朝着“数字化—网络化—智能化”的路径演化升级，走多元融合、自主创新驱动发展的道路。东北地区装备制造业基础雄厚，但多数资源掌握在央企和国企手中，多年来的“政策式输血发展”导致企业内生发展能力缺乏。加之东北地区创新环境、投资环境欠佳，国有企业唯有依靠自身谋发展才是东北振兴的根本出路。因此，继续深化国有企业改革，创新改革方式和路径推动国有企业以技术进步和自主创新驱动发展，激发国有企业自身发

展活力以提升竞争力，是未来东北振兴战略的重点。

## 二、东北地区高端装备制造业发展现状

根据表 4-2 中东北高端装备制造细分领域与国民经济行业的对应，本书统计了东北地区高端装备制造业的主要经济指标，见表 4-3。自 2007 年以来，东北高端装备制造业迅速发展，在技术累积和产业规模方面都有显著提高。2007~2016 年，工业总产值翻了一番，主营业务收入稳步增长，利润总额增长超过 150%，这可能得益于资产规模和企业经营管理能力的提升，带动就业能力持续稳定。就业人数并没有大规模增加反而略有下降，这可能与高端装备制造业的智能化趋势相关。

**表 4-3　东北三省高端装备制造业主要经济指标**

单位：亿元，万人

| 年份 | 工业销售产值 | 固定资产总额 | 主营业务收入 | 利润总额 | 年平均用工人数 |
|---|---|---|---|---|---|
| 2007 | 8255.53 | 2078.42 | 7923.35 | 443.23 | 139.15 |
| 2008 | 10609.23 | 3084.13 | 10289.70 | 564.93 | 159.96 |
| 2009 | 12986.02 | 3376.99 | 12844.05 | 797.41 | 168.10 |
| 2010 | 16944.68 | 3765.23 | 16627.45 | 1347.86 | 180.47 |
| 2011 | 19186.43 | 4217.16 | 19983.93 | 1560.82 | 169.44 |
| 2012 | 20976.48 | 4753.60 | 21743.67 | 1474.45 | 170.145 |
| 2013 | 23018.88 | 5167.83 | 23497.02 | 1646.35 | 170.85 |
| 2014 | 23188.48 | 5633.32 | 23959.93 | 1776.66 | 167.47 |
| 2015 | 18384.64 | 5033.52 | 18962.10 | 1245.06 | 144.04 |
| 2016 | 17352.23 | 5386.87 | 18131.72 | 1134.08 | 132.52 |

资料来源：根据《中国工业统计年鉴》（2008~2017）整理得到。

如图 4-3 所示，从东北高端装备制造业对地区工业经济产出的贡献层面，工业销售产值、主营业务收入、固定资产总额、利润总额以及年平均用工人数对地区经济的贡献均超过了 30%。2013 年之后，在整个东北经济下行的背景下，高端装备制造业贡献了东北地区工业经济利润总额的 40%~50%，体现了高端装备制造业作为东北地区制造业支柱产业的重要地位。

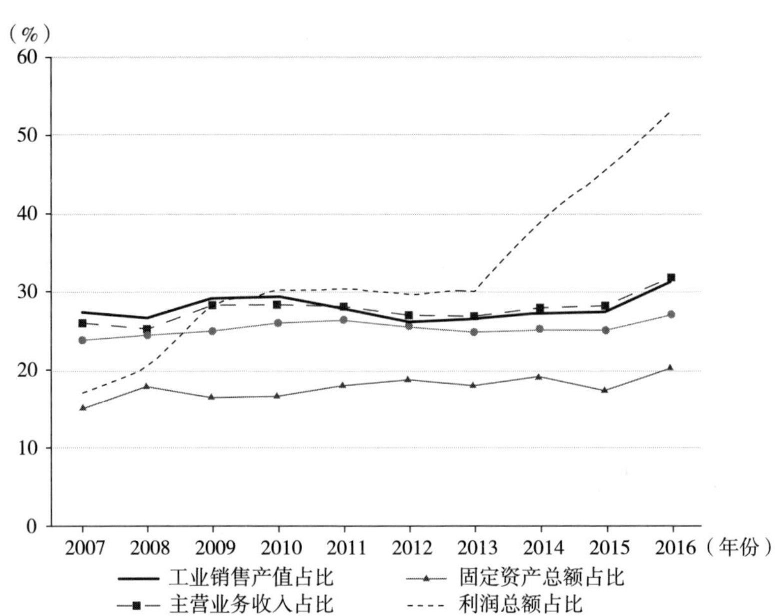


**图 4-3　东北地区高端装备制造业对地区工业经济产出的贡献**

资料来源：笔者绘制。

从全国来看，2007~2016 年高端装备制造业的工业总产值贡献主要集中在东部、中部和东北地区，西部地区发展不明显。东部地区的总产值贡献比重持续增加，而东北地区高端装备制造业产值贡献水平呈现明显下降趋势。2011 年之前平均约为 75% 以上，2014 年后，辽宁省和吉林省产值水平下降明显，到 2016 年，东北地区整体工业总产值降为 50% 以下。河南省、湖南省等中部地区逐步崛起，广东省等东部地区持续增长，出现了产业转移。东北地区高端装备制造业的发展水平与东部及中部地区的差距在扩大。作为昔日全国最重要的装备制造业基地，东北经济振兴要从高端装备制造开始。

## 三、东北国有高端装备制造企业的突出问题

在东北经济发展失速背景下，高端装备制造业仍然能够创造 50% 以上的利润，说明该行业在振兴东北经济中的巨大潜力。然而，东北高端装备制造企业六成以上都是国有企业，东北地区整体市场化程度低下和国有资

产效益不佳制约着企业的发展。

首先，市场化程度低。东北地区整体市场化进程缓慢，国有企业市场化程度低，企业的市场主体地位尚未确立。中国人民大学刘瑞教授将东北经济最大的问题归结于没有处理好政府和市场关系。王小鲁等将我国市场化改革成效以市场化指数的量化指标衡量并定期发布，在《中国分省份市场化指数报告（2016）》中，通过评分和排序的方式对中国 31 个省、自治区、直辖市的市场化进行评价，我们可以在市场化进展指标中看到东北三省政府与市场关系在全国的排名情况（见表 4-4）。

**表 4-4　2014 年东北三省政府与市场关系全国排名**

| 项目 | 黑龙江省 | 吉林省 | 辽宁省 |
|---|---|---|---|
| 政府与市场关系 | 15/31 | 19/31 | 21/31 |
| 市场分配资源比重 | 14 | 12 | 13 |
| 减少政府对企业的干预 | 14 | 16 | 25 |
| 缩小政府规模 | 15 | 21 | 19 |

资料来源：根据《中国分省份市场化指数报告（2016）》①整理得到。

从表 4-4 中可以看出，2014 年政府与市场关系的排名，东北三省基本都处于全国中后位②，其中，黑龙江省情况较好，排在第 15 位，吉林省居中，排在第 19 位，辽宁省排在第 21 位。辽宁省表现出政府对企业干预较为严重的问题。黑龙江省虽然整体情况好于另外两省，但是“金融业的市场化程度”“信贷资金分配的市场化程度”两项指标分列全国的第 26 位和第 25 位，要素市场发育程度不高。整体而言，东北地区市场化进程有待进一步推进，未来要着重发挥市场在资源配置中的决定性作用。东北地区迟缓的市场化进程使国有企业的市场化程度低，尚未成为真正独立的市场主体参与公平竞争。

其次，国有资产效益不佳。表 4-5 和表 4-6 分别列出了 2016 年东北三

① 王小鲁，樊纲，余静文．中国分省份市场化指数报告（2016）［M］．北京：社会科学文献出版社，2017.

② 2014 年之后，中部地区山西、安徽、江西、河南、湖北和湖南 6 省的市场化指数已经超越东北三省，故 2015 年此项排名中东北三省位次更加靠后。从趋势上讲，东北地区的市场化程度与中部地区的差距在扩大，而与西部地区之间的差距在缩小。

省国有企业的财务指标，从中可以看出国有资产利用和国有企业经营绩效情况。

表 4-5 2016 年东北地区国有企业国有资产规模

| 省份 | 户数（户） | 资产总额（亿元） | 资产负债率（%） | 所有制权益（亿元） | 国有资产总额（亿元） |
|---|---|---|---|---|---|
| 辽宁 | 3410 | 18343.00 | 61.20 | 7121.1 | 6108.8 |
| 吉林 | 881 | 4211.80 | 70.30 | 1249.2 | 912.3 |
| 黑龙江 | 2927 | 10182.90 | 51.80 | 4907.9 | 4678.6 |

资料来源：根据《中国会计统计年鉴（2017）》整理得到。

表 4-5 主要是 2016 年东北地区国有企业国有资产规模的数据指标。从国有企业总数上看，东北三省共有国有企业 7218 户，共计资产总额（包括负债）约 3.3 万亿元①，其中辽宁省份额较高，吉林省企业数量及资产最少。国有企业中扣除非国有股份，纯粹的国有资产总额约为 1.17 万亿元。东北三省平均资产负债率 61.1%，略高于全国平均水平，其中吉林省已经达到 70.3%的举债经营。除去负债后，所有者权益总额约为 1.3 万亿元。总体来看，东北三省的国有资产规模与北京市相当，仅为江苏省、上海市等东部发达省市的一半，所以无论从国有企业的数量还是资产规模上，东北三省都呈现萎缩趋势②。2016 年东北地区国有企业的具体经营表现如表 4-6 所示。

表 4-6 2016 年东北地区国有企业经营效果

| 省份 | 户数（户） | 营业收入（亿元） | 盈利面（%） | 国有企业净资产利润率（%） | 利润总额（亿元） |
|---|---|---|---|---|---|
| 辽宁 | 3410 | 3978.00 | 45.20 | 1.00 | 68.20 |
| 吉林 | 881 | 804.50 | 41.90 | -0.30 | -3.50 |
| 黑龙江 | 2927 | 1315.80 | 54.60 | 0.30 | 12.60 |

资料来源：根据《中国会计统计年鉴（2017）》整理得到。

---

① 这里的 3.3 万亿元不包括中央企业在当地下属企业的固定资产。

② 2016 年，北京市、江苏省、上海市的国有资产总额分别为 1.2 万亿元、2.5 万亿元、2.1 万亿元。资料来源：《中国会计统计年鉴（2017）》。

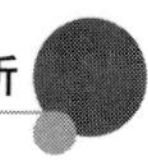

2016年东北三省国有企业营业收入总和6098.3亿元，盈利面不足50%，也就是说，只有不到五成的企业是盈利的，其余半数以上企业处于亏损状态。净资产利润率辽宁省为1%，黑龙江省仅为0.3%，吉林省为负值。2016年全年东北三省国有企业的利润总额约为77亿元。利润总额是评价国有企业经营效果的核心指标，吉林省为-3.5亿元，辽宁省在东北三省中情况较好，年利润总额达到68亿元，但是在全国31个省份国有企业利润总额排序中，辽宁省、黑龙江省、吉林省分列第21、第25、第28位。整体情况仅好于宁夏回族自治区、山西省等中西部地区。综合以上数据可以看出，东北三省国有企业一年的经营效果，体现在3.3万亿元的国有资产规模[①]仅创造出不到1%的利润，东北地区国有企业经济效益确实较差。

## 四、国有高端装备制造企业混改是深化东北振兴的突破口

“优化营商环境，全面深化改革”是习近平总书记为东北振兴提出的首要要求，“市场、改革、创新”是东北振兴的出路[②]。混合所有制改革作为基本经济制度的重要实现形式是社会主义市场经济根本性的制度创新。经过40年的改革实践，本轮混合所有制改革具有全新的内涵和意义，重点解决国有企业缺乏活力和国有资产流失问题，针对体制机制进行创新，目标形成具有市场活力的微观主体，这是振兴东北的治本之策。积极推进混合所有制改革，建立完善市场化经营机制，使国有企业成为自主经营的独立的市场主体；创新国有资产监督管理机制，系统推进国有企业技术、管理等全方位创新，将国有企业混合所有制改革作为振兴东北的新亮点和突破口。

装备制造业是东北地区的传统优势产业，应该借此契机改造升级，向产业链高端迈进。在传统产业基础上发展高端装备制造业以弥补东北地区“高新产业缺位”的态势。根据市场经济运行规律，在产能过剩的背景下企业间可以通过兼并重组的方式进行自我修复，然而东北地区国有企业市场机制尚不完善，自我修复能力较弱，阻碍了资源的优化配置和产业转型升级。所以，推进国有企业体制和结构改革是第一要务。但是，东北高端装

① 这里的3.3万亿元应该包括1.3万亿元的净资产和约2万亿元的银行贷款等。

② 2015年7月习近平总书记在吉林调研期间座谈会上的讲话。

备制造企业大部分是国有独资或控股的大型企业，由于计划经济体制因素遗留，造成市场意识不强、政府权力越界明显、管理层和职工生产积极性不高、企业缺乏活力的问题，难以适应市场机制下的经济运行模式。如果仍然沿用政府补贴的软约束方式，只是短期内的“救命”之策，而不是根本的“搞活”之法。故政府对国有企业改革方向判断失误、振兴方式选择不当是东北振兴失效、不断落入“振兴—衰落—再振兴”怪圈的原因之一。因此，大力推进国有高端装备制造企业混合所有制改革，是解决东北地区高新产业缺位和体制固化问题的有效途径。

## 第三节　国有高端装备制造企业混改的关键问题

国有企业是国家设立的特殊企业，其问题的根源在于肩负着盈利和福利双重目标而导致的“国家使命冲突”。国有企业一方面要弥补市场失灵的缺陷，维持社会稳定和促进就业，实现公共服务的目标，这使得国有企业兼有政府部门的职能并具有一定的行政级别；另一方面为了保证国有资产绩效，实现保值增值亦面临“营利性企业使命”。如何兼顾经济利润和社会福利的双重目标是新时期国有企业混合所有制改革面临的一个新问题，混合所有制改革的主体是国有企业，难点、突破口也在国有企业，国有企业应该合理定位，正确处理以下三方面的关系：

### 一、国有资本比重和社会福利的关系

无论国有企业还是私有企业都需要实现利润，但是二者具有本质不同，私有企业的天性就是追逐经济利润的单一目标，而国有企业逐利动机是以保障社会福利为前提的。针对国有资本比重的讨论，学者们主要基于混合寡占理论进行讨论。假设在一个国有资本和私有资本共同出资组建的国有企业和一个私有企业同时竞争的寡占市场中，私有企业应该占有多少国有股权才能实现利润和社会福利最大化呢？Matsumura（1998）以混合寡头理论模型求解社会福利最大化的最优解既不是完全国有的不改革，也不是彻底民营化的激进改革，而是相机而动的渐进改革，也就是说，完全国有或

完全私有都不能实现社会福利最大。东欧诸国、日本等国家的国有企业改革实践也证明了这个观点。如果进一步在混合寡占市场中将私有企业数量扩展至 n 个，即使国有企业完全私有化，所有企业的利润和社会福利都是相同的（Poyago-theotoky，2001；Myles，2002）。上述学者由理论模型推演而得的结论说明，国有企业如果让渡一部分股权，实现部分私有化是并不会影响整体社会福利的。那么也就不必担心发展混合所有制经济会掉入“私有化陷阱”，从而对发展混合所有制经济会带来“国有资产流失”和“国有企业地位被削弱”两个问题产生担忧与质疑。混合寡占市场是强调国有、集体等公有制经济和民营、外资等非公有制经济并存的非单一所有制结构。在混合寡头模型中，国有股权占有一定比例[①]即视为国有企业，这是国有企业意义的延伸，所以混合产权企业也包括在国有企业之列，并且从社会福利角度看，国有股权比重主要受到边际成本、社会性负担等因素的影响，也就是说部分私有化改革并不影响社会总福利，而且在国有企业生产效率低下时还必须进行私有化改革。社会主义基本经济制度的根基是公有制的主体地位，这也是有别于资本主义制度的标志。民营经济、私营经济和外资经济等非公有制经济都是社会主义市场经济的重要组成部分。

## 二、行政化和市场化的关系

国有企业的实际控制人一般为国有资产监督管理委员会，这使得国有企业和国家行政机关实行同样的行政级别，导致政企不分。典型现象是企业内部管理层级多，组织架构庞杂，干部比职员多，管理效率低下。企业高管往往将职位升迁和更大权利的获得看得比企业的经济效益更加重要，由此会滋生许多腐败、寻租问题。企业经营管理者为了自身职位安全和发展，以行政命令代替市场信号，一旦企业发生亏损，政府根本无法厘清是政策错误还是经营不善，出于“父爱主义”的责任和义务将对国有企业提供预算软约束，国有企业依靠其政治关联，比如与地方政府的密切关系、高管的政治背景等，争取获得更多的社会资源。这不仅导致国有企业道德风险的加剧，而且使国有企业没有参与多元化市场竞争的动力，很难成长

① 这个一定比例是个不可忽视的股权份额，能够保证国有企业介于“完全国有”和“完全私有”之间。

为独立承担风险的市场主体。只有国有企业去除行政化，才能真正建立起现代企业制度，成为真正独立的市场主体，与民营、外资等经济成分以自由平等的方式组成新的混合所有制企业。在前东欧国家进行国有经济改革时，提出了民营市场经济中引入国有企业的“逆向国有经济改革”，这与今日国企改革的逻辑本质是一样的，形成以民营经济为基础又不乏政府干预的市场经济，既强调市场的基础调节作用，也重视政府的干预。

因此，国有企业改革时要处理好行政化和市场化的平衡，实际上就是政府目标和企业目标的平衡，类似于在企业和政府之间寻找一个合适的相对权重。这就转化为在混合所有制企业目标函数约束下找到最适合的国有股权比例问题。市场竞争环境与非国有资本效率是影响国有股比例的两个最重要因素，当市场中私有企业数目足够多即竞争程度强时，国有股最优比例越小，私有化程度越高可能带来的福利水平越高；当市场中私有企业数目不多时，即在寡头市场中，混合所有制结构对实现社会福利是最优的，国有股的最优比例还要依据企业生产成本、资本效率等因素确定；所以，为了保证社会福利的实现仍需要政府对于国有企业的经营目标进行适度的干预，干预的程度取决于国有股比例，同时要维持适当的市场竞争性。另外，要根据市场竞争程度不同因地制宜，分类推进国有企业改革。

## 三、国有企业与民营企业的关系

国有企业存在的体制性问题造成私有企业不愿也不敢参与国企改革。国企在“父爱情结”的保护和支持下形成了严重的官本位思想、体制僵化、高姿态和优越感明显。这使民营企业缺乏安全感，担心被国有企业吞并，处于劣势地位和失去话语权，不愿意接受国有体制的管理和约束。也有学者表示在国有企业主导的环境中，民营企业无法得到成长和发展[①]。很多民营企业的发展和维持依靠企业家的精神和凝聚力，尤其是广东省、浙江省等地的家族企业尤为明显。参与混改后，民营企业家的个人魅力、企业家精神和家族凝聚力会消失，甚至导致企业解体。在实践中，无论国有企业中的所有制结构如何，私有企业总是处于风险主导地位，其地位和领导力

① 张维迎．国企并不真赚钱［EB/OL］．［2014-01-17］．http：//fironce ifcrg. com/news/special/caizhidao189/.

的稳健性要好于国有企业，尤其在部分私有化企业中更为明显。因此，国有企业需要转变定位，适应市场竞争机制，可以从绝对领导者的角色向追随者角色转变，这样民营企业也可以积极参与到国有企业混合所有制改革中，并通过参与国企改革，私有企业可能获得更大的市场份额，而且肯定了民营企业的地位。

## 第四节　东北高端装备制造企业率先混改的动因

企业通过混合所有制改革实现绩效提升目标，需要具备可持续发展的能力，这种能力是由企业自身的业务结构基础、扩张能力和获利潜力决定的。基于混改试点企业的实践经验，本书认为东北高端装备制造企业拥有良好的总体实力规模、资产结构以及行业发展前景，具备可持续发展的能力，可以率先实现混改突破。

### 一、企业的扩张能力

高端装备制造行业发展前景明确，行业增长空间广阔。高端装备制造企业具有高附加值的特征，企业发展的业务基础良好，后续发展扩张潜力巨大。同时高端装备制造企业以高精尖技术为发展基础，特别容易获得投资人的青睐。从 2017～2018 年已经落地的重大混合所有制改革项目来看，铁路、交通、航空、军工等都是混改的热门领域，尤其是研发水平高、拥有独立研究机构和科研院所的智力密集型企业是最受投资者关注的混改对象。高端装备制造企业的核心业务可以沿着如下两个方向扩张：一是围绕核心业务向上下游产业链进行纵向延伸，保证企业长期稳定地发展。混改后，企业如果能够独立拓展业务，很可能成为细分行业的领导者。二是开展创新经营活动，围绕核心业务进行业务多元化发展，开展由核心业务向相关业务的相邻扩张，这是成长型企业发展的必然选择。国有企业如果能够利用民营资本、外国资本，把相关业务结合起来，很可能出现一个更有价值的新领域。高端装备制造产业关联度高，发展相关业务的同时，不仅能够发挥核心业务的优势，而且有利于巩固核心业务的地位，经过一段时间的发展，很可能拓展出新的独立核心业务，拼接出一个新的价值网络。2018 年，哈成套所[①]通过引入民营控股上市公司杭锅股份[②]和黑龙江大正投资集团两家战略投资者，以增资扩股的方式进行混合所有制改革实现了产权多元化。混改后，哈成套所不仅从杭锅集团引入资金，实现了股权结构的优化，更重要的是实现装备、技术资源以及公司内部治理机制的融合，实现了业务的扩展和协同发展。哈成套所与杭锅集团两家企业业务关联度高，战略协同性强，通过引进杭锅的压力容器、环保设备资源等，拓展了哈成套所原有的业务范围，并且进一步激励哈成套所加大科研投入力度，增强研发实力，提高企业整体竞争力。所以，基于高端装备制造业具备企业间业务关联度高的特点，在资本引入的同时引入运营资源，能够使企业的核心业务得到扩展，最终实现资本合作和战略合作的共赢。

## 二、企业的资产结构

从投资人的角度以及混改的预期效果出发，大规模的国有资本并不是推进混合所有制改革的有利条件。东北地区国有高端装备制造企业一般为资本密集型，且国有资本比重约达到 60%以上，但是资产结构中实用性资产比重较高，非经营性资产比重较少，这有利于投资者在混合所有制改革过程中找到杠杆支点，帮助企业通过混改提高收益。东北地区高端装备制造企业总体上总资产规模较大，但净资产较低，然而这样的企业正适合通过混合所有制改革优化经营机制，释放企业被高成本隐藏的效益和价值。中航机电[③]在 2011 年、2016 年的年营业收入分别为 63 亿元、85 亿元，但净利润水平仅为 3 亿元左右[④]。这说明企业自身有很大的发展潜力，如果通过内部调整，突出核心业务并有一定的拓展很有可能焕发新的生机。中国航空工业集团于 2017 年完成公司制改制，次年，整合航空机电产业专业化发展，深化体制机制改革，提高公司经营效率，截至 2018 年 9 月，中航机电的净利润已经达到 5 亿元，同比增长 28.95%[⑤]。东北地区高端装备制造企

① 哈尔滨电站设备成套设计研究所有限公司。

② 杭州锅炉集团股份公司。

③ 中航工业机电系统股份有限公司，中国航空工业集团旗下上市公司。

④ 资料来源：中航机电各年业绩报表。

⑤ 资料来源：中航机电 2018 年业绩报表。

业已经通过内部组织结构优化，尽可能地减少低效利用的富余资产，例如非持续经营的、不具竞争优势的附属公司；土地房屋、建筑物、设备等实物资产；待清理处置的无效资产等。例如中国一重等一大批集团企业已经完成“三供一业”分离，提升了组织效率。东北高端装备企业虽然国有资产比重相对较高，但是低效能资产少，实用性资产比重高，这种资产结构是适合于通过混合所有制改革找到杠杆支点提高收益的。国有企业在股权转让估值时，减少了虚置资产降低收益水平的可能，提高了企业的市场化水平和持续价值创造的能力，为全面推进混合所有制改革做好了准备。

## 三、企业的获利潜力

国有股权交易涉及价格，所以企业的财务状况是关乎产权交易成败的关键因素。企业的财务状况也能够反映出企业的资本实力和经营实力。在地方国有企业改革实践中，格力集团转让15%的股权是新一轮混合所有制改革中的标志性事件。珠海市国资委放弃了对格力集团实际控制人的地位，不仅实现了“管资本”的重大转变，而且允许民营资本或外资资本处于控股地位。这一次的成功试点实践，是地方国有企业混改范围内的破冰之举，大大增强了民营资本和外资资本参与国有企业改革的信心。格力电器之所以能够改革成功，源于企业良好的业务结构和扩张能力，格力电器在空调等家电领域已处于行业龙头地位，并逐步向智能装备领域扩张，企业的研发能力为新兴领域的发展奠定了坚实基础。此外，格力良好的财务状况是关键保障。格力电器的经营状况良好，连续多年净利润率在10%~15%，企业营业收入稳定，盈利能力良好，可持续发展能力强。经过混合所有制改革，公司治理及经营体制进一步优化，解决企业成本增加的问题，有望放大各方资本的效益和价值。我们从格力集团的混改经验中可以发现，企业稳定可持续的经营情况和良好的财务状况是进行混合所有制改革的充分条件。

东北高端装备制造企业主营业务稳定，保持着行业内相对较高的市场占有率，具备可持续发展的空间，这是企业良好获利能力的基础。虽然现阶段利润水平不高，但这是现有体制机制问题导致的组织管理成本过高。通过混合所有制改革恰恰能够起到优化经营机制、降低成本的效果，从而释放企业被高组织管理成本隐藏的效益和价值，展现企业的获利潜力。

# 第五节　民营企业参与高端装备制造企业混改的原因

本轮混合所有制改革以市场化为方向，需要引入以民营资本为代表的外部资本参与其中，这种混合应是国有资本和民营资本之间市场化的双赢。自 2000 年以来，民营经济规模不断上升，并始终保持高回报率的态势，在 2014 年之前，民营企业的资产回报率始终高于国有企业，这对稳定全国的资本回报率起到正向作用。但是，伴随着整体经济潜在增速下降，民营企业面临激烈的市场竞争和生产成本的巨大压力，面临发展瓶颈和转型升级的困难，民营资本的投资回报率也开始出现下降趋势，到 2015 年时仅为 8%，与国有企业的资本边际收益率趋同①。加之生产要素和金融资源错配，民营企业在盈利能力和资本回报率等方面仍与国有企业有一定的差异。混合所有制改革为民营企业提供了提高资本回报率和盈利能力的途径。

## 一、混合所有制改革的开放效应

通过参与混合所有制改革，实现资本流动，使民营资本有机会参与到资本回报率较高的行业或者有提升潜力的国有企业中。2016 年高端装备制造业的净资产回报率约为 8%~10%，主营业务收入利润率在 6.5%以上，均高于传统制造业②。但由于市场势力、产业准入以及资源禀赋等方面的差异，国有企业的户数在这个行业领域中占比超过 60%③。混合所有制改革将该领域的大门向民营资本开放，允许民营资本参股控股，促进民营企业与国有企业良性互动，增强了高端装备制造业整体的资本流动性，优化配置，协调完善市场发育程度。参与东北地区国有高端装备制造企业混改的民营资本可以是来自国内发达地区的民营企业，通过对口合作实现市场化水平的对接和民营经济资源的引入；也可以是国内拥有自主知识产权的民营企

① 周睿. 不同所有制企业的资本回报率研究［D］. 南京大学，2016.

② 资料来源：《中国工业统计年鉴（2017）》。

③ 王悦. 混改：资本视角的观察与思考［M］. 北京：中信出版社，2019.

业，引入信息化技术、物联网技术等新兴技术，实现技术的共享，而且能够强化企业的知识产权保护意识和管理水平。

民营企业同时可以获得更多的经济资源与更广阔的发展空间。我国民营企业是在经济快速市场化的过程中和相对不完善的制度环境中艰难成长起来的，对私有产权保护的相关法律制度有待进一步完善，相对国有企业而言，民营企业在经营中仍面临较大的不确定性，因此经营风险也高于国有企业。民营资本投资参与国有企业经营，首先，有利于巩固与政府的关系，从而获得正式制度中的保护和支持，并为其长远的战略发展服务。其次，有利于提高民营企业的声誉形象，降低经营风险。同国有企业的合作，相当于建立了某种政治关联，为民营企业声誉提供担保，有利于提高企业绩效。最后，国企民企的相互合作，起到取长补短的效果，民营企业在发挥公司治理优势的同时可以获得产权保护、资源获取等方面的优势。

## 二、混合所有制改革的溢出效应

溢出效应，即民营企业借助混合所有制改革契机，通过参与混改挖掘出新的投资机会和投资价值，将自身市场化优势与国企资源禀赋优势相结合，从所投资的国有企业中获得回报率的提升。民资进入国有企业后，所有股东出资到位，推动产权、股权、资权以及税权优化耦合的全方位混合所有制改革权利体系正向演进，倒逼国有企业形成市场化的经营和治理机制，生产运营效率得到提升，使资本回报率逐步向行业领先水平看齐，发挥溢出效应。国有企业与民营企业的协同还能够发挥规模效应，使包括民营股东在内的所有股东受益。

民营资本通过与国有资本的相互融合，获得更多的公平机会，突破资源不均和政策差异所带来的现实问题，消除所有制歧视。国有企业在技术、人才等方面的资源禀赋优势，尤其在航空、高铁等领域表现尤为明显，民营企业与这部分重要的战略资源形成对接，有助于突破技术瓶颈，发挥更大的创新潜力；同时拓宽资本运作渠道，强化民营企业的市场化优势。

## 三、民营资本参与混改的获益分析

民营资本的回报率下降反映出民营经济在转型升级过程中的瓶颈问题，家族制企业治理体制的弊端、筹资融资能力不足以及企业规模扩张时面临的成长困境，这是目前制约民营企业发展的三大关键问题。发展混合所有制可以看作是促进民营企业快速稳定增长的政策机遇，通过混合所有制改革有利于促进民营企业将机遇转化为现实竞争力。

首先，民营企业可以通过混合所有制改革解决融资问题。据调查，民营企业融资来源中 90.5%为自我融资，银行贷款为 4.0%，非金融机构占 2.6%①。我国金融体系对企业规模、财务管理制度、产权明晰、担保抵押方面要求比较严苛，所有制偏好明显，很大程度上限制了民营企业的信贷融资渠道。民营企业在发展过程中存在“麦克米伦缺口”，尤其是中小型科技企业，难以获得坚实有效的金融支持，即使得到银行贷款支持，利率一般会上浮 30%~50%，融资成本和金融风险增加。在均衡条件下，民营企业需要创造更高的投资回报率来抵消金融错配的负面影响，然而通过参与混合所有制改革，民营企业可以借助国有企业在信贷可得性的优势，降低融资成本和融资门槛，消除金融错配影响。

其次，民营企业通过混合所有制改革拓宽投资渠道和覆盖面。民间投资占全社会投资比例自 2016 年开始下滑，混合所有制改革原本是国家制定的拟提升民营企业投资力度的政策制度，但是在政策落实层面，民营企业的投资领域仍然受到限制。在垄断性行业，国有企业出让的合作项目大多是利润较低的业务，且大部分核心业务并不向民企开放；即使开放，国有企业从控制权和经营权的角度考量，也只希望民营企业做一般的财务投资，打击了民企的投资积极性。现有的民间投资主要集中于食品饮料、化工等传统制造业，在产能过剩、行业衰退、整体回报率较低的背景下，民营资本的投资收益很难保证。新结构经济学认为，我国国有企业与民营企业属于“垂直结构”关系，在产品市场中该关系表现为上下游价值链关系，受过剩产能影响，下游民营企业的绩效不佳，也会影响上游国有企业的盈利

---

① 中国社会科学院工业经济研究所 .2016 中国工业发展报告——工业供给侧结构性改革［M］. 北京：经济管理出版社，2016.

能力，甚至拖垮整体经济的增长。所以，在竞争性行业降低进入壁垒，允许民营企业进入，使国有企业剥离政策负担后与民营企业在完全竞争的市场环境中共同接受优胜劣汰的市场考验，是民企和国企双赢的选择。混合所有制改革解决了信息不对称和市场不稳定的问题，为民营企业开辟了一个新的投资领域。高端装备制造业产品市场竞争程度较高，行业整体回报率看好；国资和民资在稀缺的劳动和资本要素方面合作空间巨大，是非常适合民营企业进入的投资领域。

最后，混合所有制改革促使民营企业向现代治理模式转型。我国民营企业绝大多数采用家族式治理模式，主要以家族亲缘关系为纽带控制企业，决定企业发展的关键因素是企业家的个人能力和决策，这是一种低效率的古典企业组织形态。从企业未来长期发展来看，这种治理模式不符合现代企业公司治理结构，不能完全与市场机制匹配。突出矛盾表现在企业家老板和职业经理人的新旧观念冲突和管理思维差异上。推动民营企业由家族治理向现代治理模式转型，处理好董事、经理和股东之间的关系，提升决策经营效率是民营企业转型面临的一个关键问题。除了内部体制性障碍以外，民营企业内部管理制度结构也不尽完善。民营企业发展初期更多的是关注外部市场的开发，对于企业内部的制度建设关注不足，在企业内部的激励机制、约束机制和监督机制方面未能形成健全的制度体系。家族模式使民营企业同样存在“一股独大”问题，过高的股权集中度对创新投入和企业绩效有显著的阻碍作用。家族大股东持股越多，公司价值折损越多，需要内外部治理机制的协同对大股东行为进行监督和制约。混合所有制改革是帮助民营企业建制、与市场机制匹配的过程，推动国企和民企在内部治理、制度建设以及市场发展等方面实现融合，通过改革使国有企业和民营企业在混合所有制下共享发展。

## 第六节　本章小结

国有高端装备制造企业混合所有制改革是东北振兴政策的深化和延续，是东北地区国企改革应该率先实现突破的关键领域。通过梳理东北振兴相关政策及政策实施效果发现，东北问题的产业根源在于传统优势产业缺位及高新产业缺位。在创新驱动、信息化和产品生命周期更迭加速的背景下，应该选择加速推动高端装备制造业的发展。东北经济整体下行，是高端装备制造业支撑了制造业的发展，贡献了半数以上的经济利润总额。但是，从全国发展来看，东北地区高端装备制造业衰落趋势明显，这主要是由高端装备制造企业市场化程度低和资产收益不佳造成的。要激发企业活力，必须解决体制机制固化的矛盾，高端装备制造国有企业的市场化改革势在必行。

高端装备制造企业处于竞争性领域，其扩张能力、资产结构和获利潜力为全面推进混合所有制改革提供了必要条件。通过混合所有制改革，东北地区国有高端装备制造企业不仅可以优化组织结构，提高市场化水平，而且能够扩展企业核心业务，提高资产收益水平，实现企业资本合作和发展战略合作的双赢。

混合所有制改革的开放效应和溢出效应为民营企业带来了更多的经济资源与更广阔的发展空间。民营企业通过参与混改找到了一条提高资本回报率和盈利能力的新途径。混合所有制改革为民营企业解决治理体制不健全、筹资融资能力不足以及企业规模扩张时面临的成长困境问题提供了一条新路径，民营企业应该通过参与改革将机遇转化为现实竞争力。

# 第五章
# 混合所有制改革与企业绩效关系的理论框架

通过混合所有制改革达到提升企业绩效的目的，关键在于“改”，即要在产权改革的基础上，以公司治理体系为抓手，从经营机制重点突破形成综合性改革。本章以企业绩效作为衡量混合所有制改革成效的切入点，将股权结构等公司内部治理机制和竞争等公司外部治理机制统一在一个框架下，探索混合所有制改革影响国有企业绩效的基本逻辑与具体路径。

## 第一节　混合所有制改革影响企业绩效的基本逻辑

混合所有制经济的核心目标是推动国有企业成为独立经济实体并确立市场竞争主体地位，以创新驱动、技术赋能改造提升传统产业，加快培育具有全球竞争力的世界一流企业。通过混合所有制改革，非国有经济成分的引入使国有混合所有制企业比国有独资企业更有效率，有助于国有企业完善现代企业制度，按市场化运作规律运营，强化企业内部管控，持续优化企业组织架构和治理结构，使企业的经营绩效得以提高。

混合所有制经济的本质是国有经济对非公有制经济为代表的市场机制的采纳和吸收过程。严格意义上讲，混合所有制应具备“异质产权多元化”特征，实现投资主体所有制属性多元化。当企业在产权层面实现了股权多元化，这只是混合所有制改革的起步，或者说是外在表现形式。而现阶段我国的混合所有制改革已经从股权改革的起步阶段发展深入到了公司治理的核心层面。资本的混合、股权结构的优化是混合所有制改革的手段，完善健全的企业治理机制和运营机制是改革的核心内容，而改革的根本目标和落脚点是“使企业成为真正的市场主体，在市场竞争中不断释放企业活力，增强竞争力”。“混”是手段，“改”才是目标，将市场机制引入国有企业中是混合所有制改革的本质。纵观混合所有制经济的发展历程始终沿着“明晰产权，健全现代企业制度，完善企业内部治理结构”和“营造公平且有效率的市场竞争环境，强化企业的市场主体地位”这两个核心目标不断推向深入。本书从混合所有制改革的目标出发，沿着产权改革和市场竞争两条主线，探索混合所有制改革通过改善公司治理体系进而影响企业绩效的基本逻辑和具体路径。基本逻辑分析框架如图 5-1 所示。

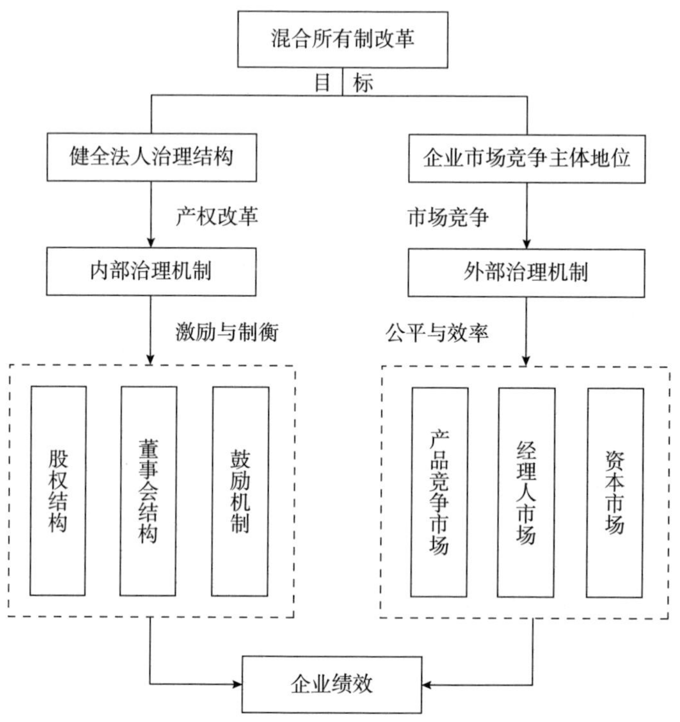

**图 5-1　混合所有制改革影响国企绩效的基本逻辑**

## 一、产权改革与市场竞争机制的相互关系

产权改革和市场竞争是影响国有企业改革效果的两个方面，它们之间存在着相互促进、相伴相生的互动关系。产权改革始终坚持市场导向，市场竞争也会不断驱动产权改革，对产权改革产生倒逼、强化作用（杨瑞龙，

2018)；在长期内，明晰产权和竞争市场有机统一，在决定企业绩效、提高国有企业创新能力方面发挥作用。本轮混合所有制改革是在“完善现代企业制度、健全法人治理结构”和“建设开放竞争的市场体系使企业成为真正的市场主体”两大核心目标的引领下，将产权改革和完善市场竞争环境有机地结合起来，推动国有企业走自主创新道路的正确选择。

产权改革要以市场为导向。混合所有制改革是始终坚持市场导向的产权制度改革，通过在国有企业内部引入非国有经济成分和多元化投资主体，使国有企业可以形成国有控股与民营参股、民营控股与国有参股等形式的混合所有制经济，实现国有企业产权结构多元化。不同性质的产权结合为混合所有制企业的过程，本身就是一场市场交易过程。在价格机制和竞争机制的作用下，企业之间、企业与个人之间可以通过产权交易，实现产权结构多元化，进而推进产权关系明晰化，使市场要素充分流动，实现有效的资源配置，加速国有企业市场化改革的进程。通过产权制度改革能够激发各类经济主体的市场活力，有利于放大国有资本功能，提升国有企业竞争力，实现“做强做优，强化市场主体地位”的混合所有制改革目标。

市场竞争不断驱动产权改革。近年来，民营经济的实力和规模不断得到提升和增强，加剧了国有企业外部市场竞争的压力。竞争中性原则要求国有企业必须按照市场规则来运营，在市场上与民营企业及其他所有制企业实现公平竞争。面对竞争压力，国有企业必须解决国有产权和市场经济兼容的问题，加快产权制度改革。只有明晰化的产权，才能有硬约束的市场主体。混合所有制解决了国有企业、民营企业和市场机制融合的难题，为国有企业进入市场提供载体。通过混合所有制改革将国有企业的资源优势和民营企业的治理优势、体制优势有机结合，必将产生新的生命力和强大的生产力。

在国有企业高质量发展的过程中，产权改革和市场竞争将在长期内实现统一。创新是保证企业长期发展、获得持久成功的动力源泉。国有企业要在创新能力上有所提升，依靠的不仅是合理的产权结构，更需要完善的企业治理机制保证企业的长期优势，使其不会在激烈的市场竞争中被淘汰。国有企业的混合所有制改革是一个渐进式的过程，首先会在短期内带来产权的变换，但是产权结构改变不是提高企业绩效和竞争力的充分条件，只有当新的投资主体带来了新的资源，在企业内部形成有效的激励约束机制，使企业以健全完善的法人治理结构去参与市场竞争，才会提高企业运营效率，创造出持久的竞争力。所以，产权改革在短期内可能会对改善企业治理机制产生积极作用，但是能否提高企业竞争力，还要看企业的治理机制能否在长期内适应市场竞争。

## 二、公司治理机制的中介作用

公司治理是国有企业进行混合所有制改革的目标，是改革取得实质性成功的标志，同时是国有企业真正转向市场化经营机制的基础。公司治理机制包括股权结构、董事会治理以及高管的激励机制等内部治理机制和法律法规、控制权市场、经理人市场以及产品市场竞争等外部治理机制两部分。混合所有制改革是能够将两者结合起来完善公司治理结构，保证公司治理机制有效运作的有效途径。来自外部环境的激励和约束会影响企业内部机制的有效运行，因此，我们在考察混合所有制改革对企业绩效的影响时，我国国有企业所处的政治环境、法律环境以及市场条件等外部治理因素是不能被忽略的，需要将公司内外部治理机制看作一个相互作用的统一体，这样不仅能够详细地分析每种机制对企业绩效的影响，而且能够全面考察各种治理机制之间的交互关系。

首先，从公司内部治理机制来看，如何保护混合所有制企业中各类股东的权利并实现权利的相互制衡，提高董事会的治理水平，形成有效的监督激励机制，这些都要依靠混合所有制企业的内部治理机制来解决。股权结构是公司内部治理的产权基础，通过优化股权结构，形成中小股东与大股东之间、法人治理结构之间的制衡机制和权利约束机制；通过完善董事会治理，优化薪酬决策和激励机制，协调各利益相关者之间的关系，激励管理层人员致力于为企业创造更大的价值，解决委托代理问题。通过混合所有制改革，可以有效地实现激励与约束共存的公司内部治理机制，刺激企业管理层在实现自身利益最大化的同时选择最有利于企业价值实现的行为。

其次，从公司外部治理机制来看，主要是市场对公司的治理。国有企业推进混合所有制改革在某种意义上是为了平抑民营企业及大众对国资垄断经营和不公平竞争的不满。混合所有制改革解决了国有企业的政策性负担、预算软约束问题，为国有企业和其他所有制企业提供了公平、公正、透明的竞争性外部环境，保证多元化经济主体平等地参与社会主义市场经

济活动，并享有多元化的经济利益。非公有制企业拥有灵活的体制机制，充沛的创新动力，在市场竞争的压力下，国有企业需要不断完善公司内部治理结构，改善经营管理，使企业活力不断增强，经济效率得到提升。

## 第二节　公司内部治理机制影响企业绩效的直接路径

### 一、调整股权结构

国有企业混合所有制改革的核心环节就是要调整和优化企业的股权结构，引入非国有资本，形成异质性股权结构。合理的多元股权结构有益于实现政企分开，使企业回归真正的市场竞争主体地位，刺激企业在市场竞争中主动开展创新活动以提高市场占有率，进而影响企业绩效。混合所有制改革通过股权结构影响企业绩效的具体路径如图 5-2 所示。

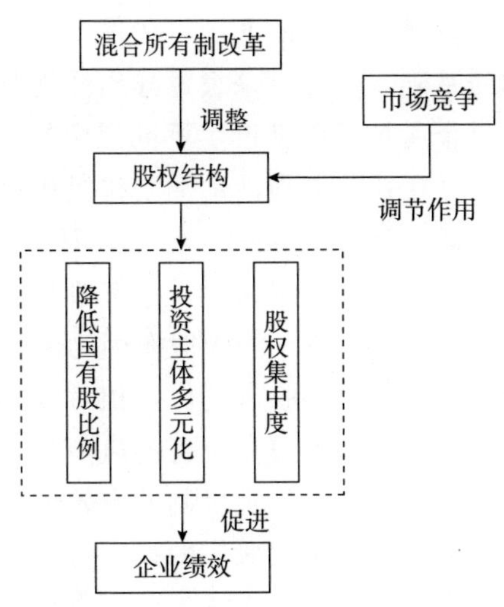


**图 5-2　混合所有制改革通过股权结构影响企业绩效的具体路径**

第一，降低国有股比例对企业绩效的影响。国有股包括国家股和国有法人股，产权主体为各级政府及主管部门。政府等行政机关对企业所拥有的权力，不是来自于市场竞争的安排，本质上仅是一种控制权的行政配置，事实上政府在产权上的控制较弱。当企业的所有权归国家所有时，企业经营者往往缺乏降低生产经营成本和改善产品质量的激励。官僚主义、预算软约束、通过寻租活动而替代对生产经营活动的努力等问题导致经理层的道德风险而损害企业绩效。通过混合所有制改革引入非国有资本后，降低了国有大股东的持股比例，一方面减少政府对国有企业的干预，减轻企业政策性负担，使企业可以开展更多创新活动来实现利润最大化的经营目标；另一方面非国有股东能够发挥有效监督的作用，改善代理问题，减轻内部人控制以及由此带来的投资短视，提高国有企业创新能力（许为宾等，2019）。在混合所有制改革进程中，国有股比例应该适当减少但国家仍需保留一定股份，至于国家持股比例的多少取决于市场化程度。国有企业有着特殊的地位和资源优势，真正缺乏的是将资源优势转化为市场优势的能力，科技转化机制的市场化和商业化不足（刘和旺等，2015）。非国有股权在带来资本、智力等资源要素的同时，也将引导国有企业治理机制朝着市场化方向转变，实现资源优化配置和不同机制之间的优势互补，激发企业活力，改善企业绩效。

第二，股权混合度对企业绩效的影响。股权混合度，一方面表示国有企业通过混合所有制改革混合进去的非国有股份。股东类型异质化是混合所有制企业股权结构的基础，同时带来大量异质性资源，在吸引技术研发人员、创新动能方面对企业技术创新产生不同程度的驱动。但是，异质股东之间的共生关系，可以在企业创新活动的安排上产生协同效应，有利于企业竞争优势的发挥（杨松令等，2009）。另一方面股权混合度要体现异质股东之间权力的制衡性。要确保新进入的非国有股东对原国有大股东在话语权、决策权和监督权上的制衡性，当大股东因为风险和短期利益因素做出不利于企业发展的决策时，中小股东仍保留相对集中的股权优势对大股东形成有效制衡，尽可能遏制被大股东侵害的风险。当不同性质的股权相互融合并互相制衡时，会影响公司治理机制的有效性，激励大股东积极进行创新活动，并在一定程度上抑制大股东的掏空行为，实现股权结构多元化对企业绩效的期望作用。

第三，适度的股权集中度有利于企业绩效提升。混合所有制改革后，企业集结了不同股权性质的优势资源，尤其是制度优势和机制优势。通过股权结构的调整和异质股东间权力的制衡，一方面解决了国有企业原来“一股独大”的状态，降低大股东侵害的“隧道效应”；另一方面避免了分

散股权可能带来的股东“搭便车”行为、“内部人控制”等问题。股权集中度即大股东占全体股东的比例，能够很好地反映企业股权分布状态，高度集中的股权结构容易造成大股东独裁；而分散的股权结构、中小股东多且持股比例低，造成很高的监督成本。所以，适度的股权集中度才有利于企业生产经营活动和创新活动的开展。股权集中度适中的企业，股东对经理人具有有效监督优势，减少“搭便车”行为。大股东作为企业的主要投资者，如果经营收益不佳，将承担一定损失，所以有很强的动力关注企业经营活动和创新活动，提高创新效率，降低监督成本，使监督收益超过监督成本。同时，适度的股权集中度，有利于增强股权之间的制衡度，激发异质股东的创新意识，股东们出于自身利益最大化更可能做出有利于企业长期利益实现的决策。

综上，合理的股权结构对于企业的长期发展有一定的促进作用。股权结构具有较高的弹性，根据企业的创新活动开展和生产经营绩效情况，国有股比例、股权混合度以及股权集中度等都可以做出灵活的调整。也就是说，企业的绩效表现也会对股权结构产生反向调节作用。比如，当企业生产经营状况不佳时，相互制衡的股权结构和适度的股权集中度使大股东和小股东利益趋同，有共同的激励和动力去发现企业运营中的问题，凭借股权份额和股东地位，可以及时调整经营决策，可以提名更换履职不力的经理人等以保证企业的长期发展。随着企业市场化机制的不断完善，企业创新活动的开展能够增强企业在市场竞争中的竞争力，有助于形成高效率运行的经营机制，进一步激发企业活力。此时，可以引入更多的非国有资本，调整国有股比例，加大股权混合度，使企业的股权结构在市场竞争中趋于合理化。

## 二、调整董事会结构

在新一轮的国有企业混合所有制改革实践中，各级国有企业普遍采用以董事会为基础实施的改革实践模式。比如，际华集团的“董事会行使高级管理层选聘职权试点”、招商局集团的“董事会制度及股权激励试点”等，说明董事会结构的调整是本轮混合所有制改革的另一核心问题。通过规范董事会的运行，国有企业建立现代企业制度，形成有效的法人治理结构，成功实现机制转换。根据委托代理理论，董事会在公司中能够起到减缓和弱化所有权和控制权的分离矛盾作用，有效缓解经营者在企业经营活动中的代理行为，督促经营者展开创新。在公司治理中董事会主要发挥监督控制、建议咨询以及资源提供等职能，决定着企业的资源配置。混合所有制改革通过董事会结构影响企业绩效的具体路径如图 5-3 所示。

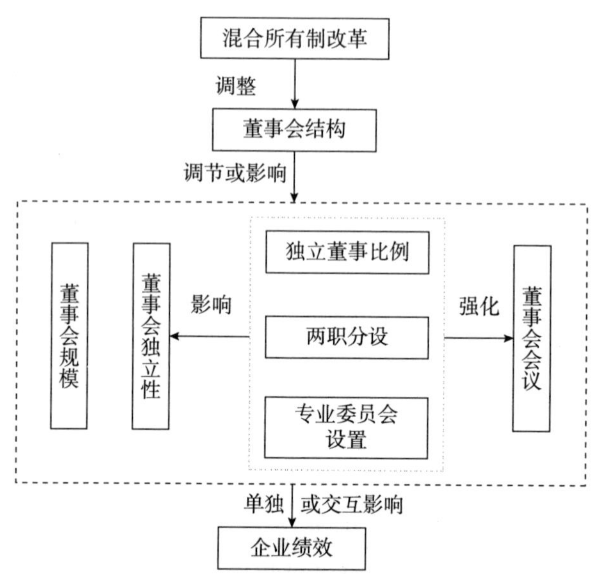


**图 5-3　混合所有制改革通过董事会结构影响企业绩效的具体路径**

第一，适当的董事会规模对企业绩效的促进作用。国有企业混改后，不同性质投资人的引入必然带来董事会成员的变动从而引起董事会规模的调整，对企业绩效产生直接影响。比如，在企业创新决策方面，董事会规模会同时表现出协同效应与臃肿效应。协同效应源于董事会成员专业背景的异质性，这种异质性的程度越高，所涉及的社会关系及外部资源越多，能够为企业研发带来多元化的建议和丰富的资源基础，这样能够提高董事会决策的准确性，进而提高研发决策的质量。臃肿效应即董事会成员之间沟通协调困难，难以达成一致的创新决策，影响企业研发活动强度。创新活动的高风险和高投入可能会导致董事会内部出现意见分歧和争论，影响董事会的凝聚力；庞大的董事会规模不仅难以对经理层实施有效监督反而很容易被管理层分化和控制，出现董事会“治理尴尬”，最终很可能做出缺乏科学性的董事会决策。从推动企业创新的角度，协同效应与臃肿效应之间应该存在一个阈值，7~10 人的董事会规模是比较适宜的。再考虑到大部

分公司在投票决策时存在“一票定乾坤”的作用，所以董事会规模最好为奇数人。据统计，混合所有制企业以7人、9人和11人的董事会规模居多，所以本书认为混合所有制改革实际上为国有企业提供了一条通过权衡协同效应与臃肿效应利弊从而选择最优董事会规模的路径。

第二，董事会的独立性对企业绩效的影响。国有企业落实混合所有制后将对独立董事的质量提出更高要求。2013年中组部“18号文”① 下发以后，降低了官员、熟人、退休国企高管做独立董事的比例，更多地聘请优秀的民营企业家，行业资深人员或经济、管理、财务以及法律等方面的专业人士或具有学术背景的专家学者作为独立董事，为企业的技术和运营方面提供更加专业的咨询。通过混合所有制改革，完善董事会结构，建立了以市场机制任免董事的制度，增加了真正独立、专业、合格的独立董事比例，保障了董事的“事实独立性”，对于提高董事会治理的有效性发挥重要作用。首先，独立董事一般是来自各个领域的专家或高级知识分子，为企业提供专业性咨询建议，富有远见，善于发现前景良好的创新项目，倾向于鼓励创新。独立董事享有良好的社会声誉，在维护和保持声誉的激励下，保持独立性，履职尽责，同时这种声誉也能为企业带来许多战略资源，帮助企业选择有利于长远发展的项目，提高企业决策质量。其次，独立董事可以产生“鲶鱼效应”，带动内部董事扩大视野，加强对新知识的吸收和学习，提高自身管理能力，增强责任意识，提高董事会的整体决策水平。

第三，独立董事对管理层的监督制衡机制。独立董事凭借其专业性和独立性，对管理层实行有效监督，保护股东利益；当大股东与中小股东间的利益冲突变为主要矛盾时，独立董事能够征集中小股东的委托投票权，对大股东侵占小股东利益的行为和议案提出异议，不仅能够遏制大股东“一言堂”的局面，也能够缓解大股东对小股东利益的剥削。独立董事可以对管理层决策做出监督，一方面防止经营层为短期利益而开展的高风险项目，另一方面缓解风险规避偏好的经营者在技术创新中的代理行为。

通过引入外部董事增强董事会的独立性，使董事会能够更好地履行监督决策职能。除了独立董事之外，董事会权力结构配置以及审计、战略投

① “18号文”即2013年10月19日，中组部下发的《关于进一步规范党政领导干部在企业兼职（任职）问题的意见》。严格限制了党政领导在企业任职的资格、条件及报酬等问题并对党政干部在企业兼职问题进行限期清理。

资等专业委员会的设置也能够强化董事会的独立性。董事长和总经理的两职状态设置能够反映公司在董事会独立性和执行层自由度之间的权衡。董事与总经理两职合一时，董事会的监督和控制职能被弱化，企业经营决策受总经理兼董事的个人偏好影响较大，容易产生不适合企业发展的决策或资源配置。当两职分设时，董事和总经理的个人职能优势得以发挥，董事专注于决策，经理层关注于业务层面，通过分工和专业化带来效率的提升。所以董事长与总经理的两职分设能够提升企业决策效率。董事会内部各专业委员会的设置也是体现董事会独立性的一种安排，这是独立董事凭借自己专长在各自领域发挥作用并摆脱总经理控制的平台。董事会专业委员会越健全，董事会内部的“专精化”水平越高，独立董事的履职和职能发挥效果越好，越能够保证企业决策质量。

第四，董事会会议频次对企业绩效的影响。董事会会议是董事会成员履行咨询建议职能，强化监督决策职能的有效机制，反映了董事会活动强度和董事履职程度。在会议过程中董事之间的交流与互动，是保证董事熟悉企业运行、收集信息、参与决策、监督管理层的重要途径。根据国内外一流企业的公司治理经验，每月一次，每年 10～12 次的董事会会议是保证董事会成员正常参与各项议题，有效发挥决策与监督作用的基本条件。因此，提高董事会会议频次有利于提升企业决策质量。但也有学者称董事会会议是一种“事后灭火器”，是公司会计信息质量较差、财务状况不佳时的被动反应，但是董事会会议次数的增加至少提高了企业各项活动的议事概率，对于增加研发投入、提高企业绩效仍是有现实意义的。随着董事会运作机制的不断完善，许多非正式沟通的形式，比如电话、网络视频、午晚餐等都可以在保证会议质量的前提下成为对正规会议形式的有效补充，并且能够降低董事会治理成本。因此无论是正式还是非正式的董事会会议，高频次的召开为董事会成员提供了充分良好的沟通氛围，保证了经营活动的有效开展。另外，提高董事会会议频次是强化董事会独立性的必然要求。董事会会议是在信息不对称下，董事熟悉和参与公司事务的会议机制，因此，董事会中独立董事比例越高，基于专业性和参与公司治理的要求，对董事会会议频次的要求就越高。董事长与总经理两职分设时，董事会与总经理之间的信息共享和沟通交流也需要通过董事会会议来实现。董事会专业委员会的设立使董事会内部实现“专精化”，弥补了董事会会议期短的缺陷，在董事会闭会期间代替董事会发挥作用，强化了企业信息透明度和对

总经理的控制和监督。总之，董事会会议频次是企业各项决策得到充分论证并有效推进的保证，是强化董事会独立性的重要会议机制，有利于企业各项活动的顺利推进和绩效提升。

## 三、优化激励机制

国有企业所有权和经营权分离的基本特征会带来经营者与投资者在管理动力、利润分配等方面产生代理问题，很可能出现道德风险问题，完善高管市场和薪酬激励是解决该问题的有效途径。激励机制的主要作用是实现人力资源优化配置，使企业员工共同分享企业业绩，具体方式包括显性激励与隐性激励，前者主要是通过工资和奖金的货币薪酬形式或者期权、股权等中长期激励方式，后者主要指晋升激励。不同所有制的企业在设计薪酬激励机制时，具有不同的决策偏好。一般而言，国有企业在“限薪令”等法律法规的制约调解下，倾向于相对较低的高管薪酬，并且出于社会整体福利和公平效率的考量，高管薪酬透明度提高，高管—员工薪酬差距变小。在国企薪酬机制下可能导致代理成本较高、高管层过度追逐政治晋升带来的隐性福利等问题。民营企业薪酬主要在市场竞争中依据业绩导向而定，显性薪酬设定不受管制，并且在相对完善的监督机制下，进一步弱化经理人通过隐性收入弥补显性收入的动机。不同产权性质的企业其薪酬激励各具优势，国有企业通过混合所有制改革不断推动激励机制朝着市场化方向演进，有效协调显性薪酬和在职消费之间的关系，从而能更有效地激励员工为提升企业价值努力工作，进一步提高企业绩效。具体路径如图 5-4 所示。

高管薪酬在混合所有制与企业绩效之间起中介作用，是混合所有制改革提升企业绩效的有效路径。所以，从企业绩效的角度，国有企业混合所有制改革是必要的，但是薪酬激励对不同类型企业产生的具体影响略有差异，例如对于资本密集型和技术密集型企业，薪酬激励将进一步作用于企业的研发投入，通过提高创新产出最终提高企业绩效。在此类企业中，员工持股是国有企业混合所有制改革稳步推进的有效方式，是一种有效的长期激励手段。在混改实践中，以股票期权和限制性股票等股权激励的长期手段将企业和个人利益结合在一起，达到公私利益协调统一。拥有股权的高管会承担更多的风险投资，在增加研发支出方面也有更强的动机；技术

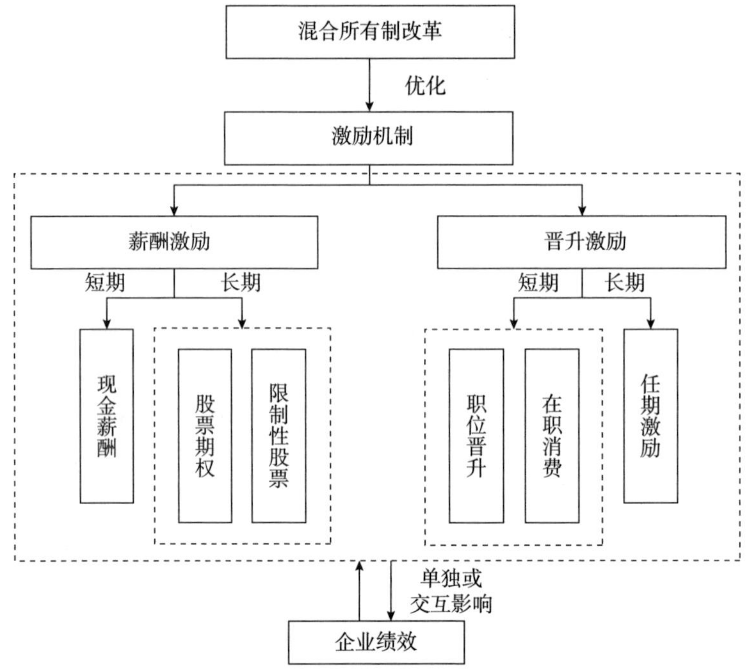


**图 5-4 混合所有制改革通过激励机制影响企业绩效的具体路径**

人员持股会增加企业的创新产出，且技术人员的专业程度能够强化员工持股计划的创新效应。所以，混合所有制的薪酬激励改革可以视为通过综合薪酬方案设计，将长短期激励手段结合起来的一种机制。优化的激励机制更好地协调货币薪酬与其他各种激励方式之间的关系，对员工的工作积极性和工作潜能产生更好的激励效应，进而促进企业绩效的提升。反过来，企业员工更可能因为企业绩效提升超过行业平均水平而获得薪酬的进一步增长。

在职业生涯激励方面，国有企业高管每届平均任期 3~4 年，在现金薪酬激励不足的情况下，在职消费成为一种隐性替代机制，在一定程度上弱化了高管努力的动机。但是，高管们出于职位晋升考量，会在职位晋升和在职消费之间相机抉择，晋升可能性越高的高管，为维护声誉和名望，有很大的动机缩减在职消费，提高创新投入以获得更好的业绩。随着国有企业混合所有制改革的深入，市场化经营机制得以落实，企业逐步推行经理层任期制和契约化管理，实施职业生涯发展长期激励。管理层的任期实际上由既有任期和预期任期两部分组成，管理者对未来任期长短的预期将直

接影响他们对企业未来战略的决策和创新行为的选择。通过延长高管任期的激励，相当于给创新活动更高的失败容忍度，接受创新活动前期可能的失败，以奖励最终的创新成功。随着高管层对任期的预期增强，增强了对创新活动未来收益和回报率的预期，其投身高风险高回报的创新活动的动机也将增强，这不仅有利于企业的长远发展，同时也可能为自己赢得更高的职业声誉和薪酬回报。

薪酬激励、股权激励与晋升激励是企业激励契约的三种不同表现形式，故需要不同的契约成本。企业在制定激励契约时会综合激励方式的可获得性、契约成本以及收益等因素，所以一种激励方式的选择可能会对其他一种或几种激励方式的选择产生影响。各种激励方式之间可能存在替代或互补效应，比如，在提升企业绩效方面，货币薪酬与股权激励都能起到积极作用，故二者之间存在一定的互补关系；在代理矛盾比较突出的企业，一般在职消费较高，而在职消费与货币薪酬间具有协同互补关系，故委托人更加倾向于实施股权激励，旨在发挥股权激励对超额在职消费的抑制作用；适当降低高管的现金薪酬，与一定的股权激励和任期激励结合，这样可以将高管的个人短期利益与企业长期利益挂钩，有效减少短视行为，更加注重企业的长远发展。混合所有制企业中，不同的控股方式及股权结构安排下，激励机制对企业绩效所发挥的效应大小不同，在竞争性领域，多元化股权结构的企业其薪酬激励和股权激励对经营绩效都可能发挥提升作用，但是在国家绝对控股的领域，薪酬激励的效果显著而股权激励几乎没有发挥作用。综上，薪酬激励、股权激励以及政治晋升三者之间除了单独对企业绩效产生影响之外，同时存在协同效应交互影响国企绩效。

## 第三节　公司内部治理机制影响企业绩效的间接路径

### 一、放松融资约束

企业的投资决策不仅受到外部市场需求影响，同时由于信息不对称和委托代理问题，和自身财务状况也是密切相关的。现实中的资本市场并不

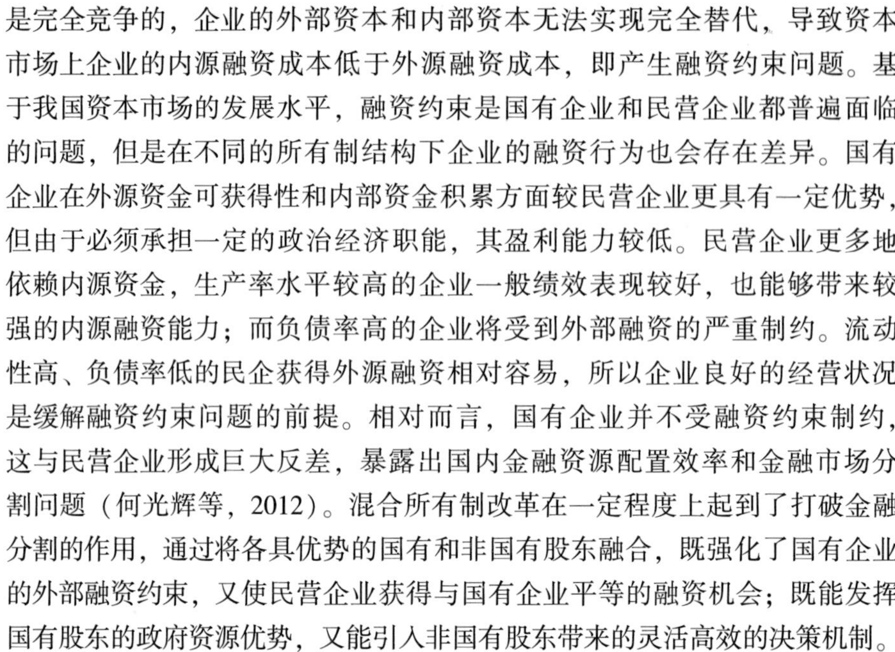

是完全竞争的，企业的外部资本和内部资本无法实现完全替代，导致资本市场上企业的内源融资成本低于外源融资成本，即产生融资约束问题。基于我国资本市场的发展水平，融资约束是国有企业和民营企业都普遍面临的问题，但是在不同的所有制结构下企业的融资行为也会存在差异。国有企业在外源资金可获得性和内部资金积累方面较民营企业更具有一定优势，但由于必须承担一定的政治经济职能，其盈利能力较低。民营企业更多地依赖内源资金，生产率水平较高的企业一般绩效表现较好，也能够带来较强的内源融资能力；而负债率高的企业将受到外部融资的严重制约。流动性高、负债率低的民企获得外源融资相对容易，所以企业良好的经营状况是缓解融资约束问题的前提。相对而言，国有企业并不受融资约束制约，这与民营企业形成巨大反差，暴露出国内金融资源配置效率和金融市场分割问题（何光辉等，2012）。混合所有制改革在一定程度上起到了打破金融分割的作用，通过将各具优势的国有和非国有股东融合，既强化了国有企业的外部融资约束，又使民营企业获得与国有企业平等的融资机会；既能发挥国有股东的政府资源优势，又能引入非国有股东带来的灵活高效的决策机制。

混合所有制改革通过调整国有股比例、引入多样化的股东等方式形成了相互制衡的股权结构，有效地缓解了企业各种代理问题，降低了企业作为资金需求方与资金供给方之间的信息不对称，缓解了企业的融资约束问题。因此，混合所有制企业相对单一所有制企业而言，面临更低的融资约束，使企业能够以合理的融资成本获得经营与投资所需资金，加以有效利用获得良好的投资收益，增加企业利润。融资约束反映了企业间的政治资源不平等，混合所有制改革改变了企业间的资源配置，缓解了融资约束问题，最终有利于企业经营绩效的提升，即融资约束的放松在混合所有制改革提升企业绩效之间起到中介作用。

## 二、提高企业内部控制有效性

国有企业长期高度集权的行政管理模式使其并不能很好地适应市场竞争，对企业经营者缺乏有效的监督约束机制，再加上委托代理问题，可能导致比较严重的内部人控制问题。内部人控制是经营者对所有者利益的侵害，例如过度的在职消费、信息失真并且不及时不规范披露、过度消耗资产的短期行为、转移国有资产导致国有资产流失等严重损害企业利益的行

为。混合所有制改革通过明晰产权，解决了产权主体缺位问题，提高了内部治理的有效性。混合所有制企业之所以内部控制有效性更高，主要是因为非国有股东能够在股权结构上约束国有股东，在管理结构上对国有股东形成制衡与监督，更加有效地参与到高层治理中。混合所有制改革有效提升了内部控制效率和质量，而企业内部控制有效性的提高有利于提升企业治理效率，提高企业绩效。因此，混合所有制改革通过内部控制有效性的中介传导效应对企业绩效产生间接影响。

混合所有制改革后，国有企业国有股比例降低，但是学者们就国有股比例与内部控制有效性之间的关系没有得出一致结论，可能呈现倒“U”形关系或者负相关关系[①]。也就是说，从有利于提高内部控制有效性的角度，国有企业到底应该通过混合所有制改革转让出多少国有股份额没有定论。根据股权结构、内部控制与企业绩效三者之间的关系，内部控制制度的完善和有效执行在股权结构对企业绩效的影响中表现出显著的中介传导效应，但刘运国（2016）认为这种绩效提升作用只可能出现于竞争类国有企业中。所以，国有企业应该根据自身情况和企业所处的行业类型选择适合的持股比例来改善内部控制问题进而提高企业绩效，这也是符合混合所有制改革“分类改革”和“一企一策”原则的。

## 三、提高投资效率

国有企业投资效率低下一直是国企改革的重要问题，主要表现在以下三个方面：一是在一些市场壁垒较高的投资领域，非国有资本进入困难，导致国有企业在缺乏竞争的情况下失去提升投资效率的动力；二是国有企业凭借资源优势能够以较低的投资成本换取较高的投资收益，容易出现投资决策扭曲；三是国有企业内部治理机制不完善，经理人为了个人业绩产生过度投资动机容易导致投资项目失败，即缺乏市场竞争、预算软约束和自身治理能力不足是造成国有企业投资效率低下的原因。混改后，企业拥有更加完善的公司治理机制，协调利益相关方，有效抑制过度或不足的不合理投资，合理防范投资风险，促使经营者进行理性投资，改善投资效率

---

① 赵建凤．上市公司股权结构对内部控制有效性的影响研究［M］．北京：经济管理出版社，2015.

进而间接提高企业绩效，混合所有制改革是解决这些问题的有效方式。

混合所有制改革，通过投资主体多元化，形成相对集中并相互制衡的股权结构，解决了内部人控制和监管失效等问题，保证了投资决策的公平、合理。赵宇朦等（2018）的实证研究证明了股权混合度越高，非国有股东对国有控股股东的监督作用越强，越能够提升企业投资效率；同时，随着股权制衡度的提高，股东间制衡作用增强，对于抑制国有股东非效率投资行为越有效。国有企业通过混合所有制改革，实现了股权多元化，适度的股权集中度改善了内部人控制问题；股权间的相互制衡解决了内部监管失效问题，从而提高了企业投资效率，最终达到影响企业绩效的效果。

## 第四节　公司外部治理机制影响企业绩效的具体路径

混合所有制改革试点企业一般遵循如下改革路径：形成混合股权结构——由股权治理向董事会治理转变——实现国有企业市场化。提高国有企业的市场化程度是混改的又一目标，市场竞争为企业提供了构建外部治理机制的动力，良好的市场环境是企业技术创新的外部推动力，因此改善企业外部治理机制是比产权归属更具实际意义的问题。混合所有制改革的根本目标是市场机制的形成，以市场竞争促进企业构建良性创新机制，推动企业长期发展。市场对公司的治理是外部治理机制的关键，保证了企业外部良好的经营环境以及激励机制等内部治理机制更好地发挥作用。因此，本书主要从产品竞争市场、资本市场和经理人市场三个方面分析市场竞争机制如何实现对公司的治理，进而对企业绩效产生影响的具体路径（见图 5-5）。

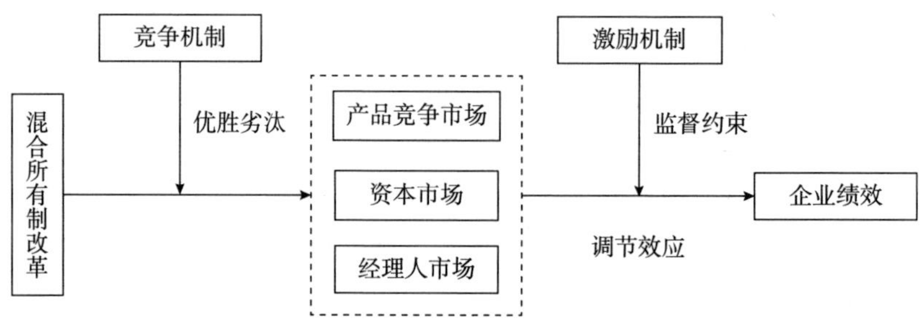


图 5-5　混合所有制改革通过公司外部治理影响企业绩效的路径

## 一、产品市场竞争对企业绩效的影响

产品市场竞争是企业赖以生存的外部环境，同时也是一种重要的外部市场机制，能够对企业绩效产生重要影响。在优胜劣汰的产品市场竞争中，非国有企业在行业准入、资源获取和政府支持等方面都处于劣势，只有通过创新为自身发展赢得长期优势，才能在经营绩效和创新效率方面普遍高于国有企业。混合所有制改革消除了国有企业因不平等竞争条件下的预算软约束、融资便利等诸多特权而产生的创新惰性，为非国有企业参与市场竞争提供了平等的条件。面对市场竞争中的优胜劣汰，企业通过研发新产品或新技术形成差异化产品，或者大幅度降低生产成本而获取超额利润。通过创新提高资源异质性，是企业获得和保持竞争优势的重要途径。创新是企业长期积累的过程，提前行动有利于企业获得先动优势，对竞争对手起到威慑作用，提前抢占市场份额。基于此，产品市场竞争主要通过市场定价、市场份额等促进企业创新，获得创新收益。随着竞争的加剧，产品和技术的更新换代速度也随之加快，企业被模仿或替代的可能性增强，这种情况下会降低企业的创新积极性。因此，基于产品市场竞争对创新的不同影响，国有企业应根据具体的行业发展状况和市场竞争情形，权衡创新的成本和收益，做出适合的创新决策。

激励机制能够强化产品竞争市场对企业创新的正向促进作用。产品市场竞争在公司治理中的重要作用就是降低信息的不对称性，通过增强对经理人的激励来提高公司效率。国有企业通过混合所有制改革逐渐实现市场化经营，随着企业越来越重视利润最大化的经济目标，产品市场上的竞争就越能有效地发挥对其经理人的监督和激励作用。关于经理努力程度、薪酬等信息在市场竞争中是透明公开的，资产所有者可以利用这些信息制定更有效的激励机制并对经理努力程度进行更加准确的评估。产品市场竞争能否对企业创新发挥积极影响，关键要依赖高管的创新意愿。随着货币薪酬激励水平的提高，高管对创新的风险担忧减少，产品市场竞争对企业创新的积极作用更大。同样地，股权激励水平越高，高管与股东的长期利益趋于一致，从而提高了高管的创新意愿，产品市场竞争的加强可以带来更高水平的创新投入。因此，高管薪酬激励和股权激励水平较高时，产品市场竞争对企业创新的促进作用更强。

## 二、资本市场对企业绩效的影响

本轮混合所有制改革与以往政府主导的“拉郎配”并购行为不同，是由市场主导的企业自发行为。并购重组是市场经济条件下企业自我发展的产物，有助于企业实现资本市场资源合理配置，推动企业形成规模经济，提高企业价值。混改实践中，国有企业吸引非公资本参股或控股的主要实现形式有产权转让和增资扩股两种类型，通过债转股、海外并购、战略性重组等手段，切实推动国资委职能向管资本转变，理顺政府与企业的出资关系，真正落实国有企业市场主体地位。资本市场的并购重组会给经营者带来巨大压力，在竞争中推动企业解决竞争力弱、技术水平落后的问题，实现国有企业做大做强的目标。实际上，企业的做大做强就是并购、重组、融合不断循环往复的过程，从这个意义上看，混合所有制改革本质仍属于并购重组。如果将创新视为知识创造的过程，那么并购就是拓展企业知识基础、提高企业创新水平的有效路径。企业通过并购壮大研发团队，整合企业间知识，实现知识创新的协同互补，使企业的研发效率随着知识存量的扩大而提高。高效的研发团队是企业高市值的保证，也是制定和执行研发战略的保障。企业的研发投入越多，市场认可度越高，市场价值就越高。公司的市场价值会在资本市场的股票价格波动中体现出来，投资者能够从企业市场价值的变化中感知到企业的真实实力以及经营者的能力和努力程度，为企业管理者带来声誉，这种正向激励会强化管理者继续开展创新活动的信心，形成企业市场价值和创新之间的良性循环。

合理的激励机制能够调节资本市场的竞争与企业创新之间的关系。持有股权的管理者在股权契约的激励下，会更加关注企业资本市场股票价格，并且对价格的波动更为敏感。如果企业估值降低，说明企业市场表现不好，并不被外部投资人看好，管理者的职位将受到威胁，这时管理者为了自身职位安全，会有强烈的动机减少高风险的研发项目投资，转向其他短期内容易获利的项目，或者至少是维持现有资源利用状态不变的项目。反之，如果企业市场价值表现良好，说明企业具有良好的发展前景，强化管理者为推动企业长期发展的内在激励。同时，高管任期的长短与其所获得的相应股份下的控制权及控制权收益直接相关，所以高管会随着任期的延长，增强对企业未来价值的信心，更加愿意进行创新研发活动以增强企业未来

竞争力。因此，对高管的激励机制在企业市场机制与创新活动的关系中起到一定的调节作用。

### 三、经理人市场对企业绩效的影响

国有企业尚未真正走出困境，有一种说法将原因归结于国企改革没有在管理者阶层引入市场竞争机制。国有企业现行的经理人选聘基本由国资监管机构和组织部门主导，主要来源有三个：一是从政府中选派；二是从国有企业内部选拔；三是从其他国有企业调任。无论何种来源，国有企业经理人同时拥有干部身份和行政待遇，本质上是国家任命的“官本位”下的管理人员。“体制内”官员没有经过市场竞争的磨砺，自然缺乏风险意识和冒险精神，无法成为真正意义上的企业家。混合所有制改革，改变了国有企业原有任命管理者的机制，为职业经理人的生存和职业经理人队伍的建设提供了良好的环境和土壤。因此，本轮混改要求企业将党管干部原则和发挥市场机制作用结合起来，针对紧缺的高端人才和企业高管，按照市场规律，畅通渠道，开展市场化选聘，建设职业经理人队伍。从这个意义上讲，混合所有制改革是通过经理人市场消除国有企业高管人员“体制内”身份的一种制度创新。

经理人市场上的竞争、淘汰和薪酬奖惩机制使职业经理人的利益及职业发展前途与企业命运紧密相连。经理人市场信息完备，在充分、真实的信息中，留下的是诚信经营、敢于创新、具有担当品质和精神的经理人，不诚信的经理人必将退出市场。市场上的声誉直接影响了经理人未来的晋升机会和薪酬收益，具有创新能力和创新经历的经理人更容易获得良好声誉。在国有企业混改的进程中，对高管的激励机制有利于激发职业经理人的企业家精神，发挥企业创新升级与高管利益趋同的积极作用，抑制经理人的机会主义行为，激励其积极投身于企业的创新活动中以提升企业价值。

## 第五节　本章小结

本章将以产权改革为核心的公司内部治理和以市场竞争为核心的公司

外部治理统一在一个框架内，说明了混合所有制改革能够实现制度创新和技术创新协同发展，产生提升企业创新能力和国际竞争力的作用，并对企业成长产生协同效应。产权改革在短期内将对改善企业内部治理产生积极作用，但是混合所有制改革能否取得理想效果，还要看企业的治理机制能否在长期内适应市场竞争。所以，本章将公司内外部治理机制看作一个相互作用的统一体，探寻混合所有制改革影响企业绩效的具体路径。

混合所有制改革对企业内部治理的主要实现路径表现在股权结构、董事会结构和激励机制三方面，并在市场竞争中趋于完善。混合所有制改革使企业的股权结构在市场竞争中趋于合理化；为国有企业提供了一种权衡协同效应与臃肿效应利弊、成本收益，从而确定最优董事会规模的路径；形成长短期激励相结合、薪酬与晋升激励相结合的激励机制，并在市场竞争中实现动态调整。

混合所有制改革对企业外部治理的作用路径主要表现在通过市场竞争影响企业治理，包括资本市场、产品竞争市场和经理人市场。混合所有制改革是一种制度创新，通过产品市场竞争使国有企业和其他所有制企业享有平等的地位，公平面对市场竞争中的优胜劣汰；通过资本市场强化各类资源的竞争，提高企业价值；通过经理人市场消除国有企业高管人员“体制内”身份，并在激励机制的调节作用下实现内外部治理机制的统一。

# 第六章
# 混合所有制结构与企业绩效的实证检验

本章从内部治理的核心机制股权结构出发，对混合所有制结构如何影响企业绩效进行理论与实证分析。

## 第一节　背景分析与研究假设

### 一、股权结构与企业绩效

股权结构是公司有效治理机制的重要方面，它通过影响企业组织行为的方式进而影响企业的组织绩效。一般包含股权性质、股权集中度和股权制衡度三个方面。

#### （一）股权性质与公司绩效

股权可以划分为国有股权和非国有股权。研究中按照持股主体又可以细分为国家股、法人股、流通股和外资股等。国外学者的观点普遍认为，国有企业就是低效率的。造成低效率的原因主要有：国有企业委托代理关系比较复杂，链条较长，造成较高的代理成本；政策性负担和社会负担（Lin 等，1998）；政府官员利用权力寻租控制和转移国有资产，造成国有企业财富减少的腐败和寻租行为。所以，国外学者认为当大股东性质为国有时，对企业绩效起负向调节作用（Albert Hu，2001）。国内学者对股权性质和公司绩效有着不同的观点。谢军（2007）认为国有股权与分散的流通股相比，具有一定的制度优势。由于政府的一些扶持性政策和措施，给予国有企业大量的政策倾斜和优惠，国有企业的高管和股东为了自己的职务晋升，用一定的激励去提升企业绩效和公司价值。从国有股的持股比例来看对企业绩效的影响，陈小悦和徐晓东（2003）研究表明，第一大股东为非国有股股东的公司比国有股为第一大股东的公司有更强的获利能力和更高的公司价值。尤其在竞争性行业，国有股份额对企业的获利能力有负面影响。也有学者认为，在我国的制度环境下，适度的国有控股有利于提升企业绩效，但比例不宜过高，因为国有股比例与企业绩效之间呈倒“U”形关系。郝阳等（2017）提出异质性参股股东更有利于提高经营绩效。

### （二）股权集中度与公司绩效

股权集中度是影响公司治理的重要指标，不同的股权集中度通过公司治理机制对企业绩效产生重要影响（孙永祥、黄祖辉，1999）。国内外研究对于股权集中度与公司绩效间的关系尚未有一致性的结论，主要有两方面观点：“有利论”认为股权集中使大股东的权利力度增加，能够对公司管理层实施有效监督，降低治理成本，从而提升企业价值和经营绩效（Shleifer 和 Vishny，1986；Reyna J. 等，2012）。“不利论”认为股权集中度与经营绩效呈负相关。我国国有企业普遍处于股权高度集中①的状态，一般是大股东拥有公司的绝对控制权，因此，大股东与小股东之间的利益冲突成为公司治理问题的关键。Lopez-de-Silances 和 Shleifer 等（2000）指出控股股东可以通过隐蔽手段转移中小股东利益，比如低价出售和转让公司资产或股权、直接窃取公司资源、通过稀释股权扩大自己持有的股权份额等。这种“隧道效应”的本质是控股股东对公司利益的掏空，主要根源就在于高度集中的股权结构抑制了激励机制和监督机制正常发挥作用，故不能提升企业绩效。

### （三）股权制衡度与公司绩效

股权制衡理论认为多个股东共享控制权、相互制衡的股权结构能够解决“隧道效应”问题，而且能够保护小股东的利益，对大股东实现监督和

① 股权集中度可以分为相对集中型、高度集中型和分散集中型。Le Porta 等（1999）曾证明大股东持股是股权结构的普遍状态。我国国有企业，比如一些银行企业的股权集中度基本不存在分散集中型（李成、秦旭，2008）。

风险分担的权衡（Adamti、Pfleiderer 和 Zechner，1994；Gomes 和 Novaes，2005）。所以，股权制衡高的企业有更好的经营绩效（徐向艺、张立达，2008）。国务院国资委原副主任黄淑和曾主张建立合理制衡的股权结构以改善公司治理结构。这些观点都与 Shleifer 和 Vishny（1986）的结论相同。但是，刘星等（2007）将第一大和第二大股东的股权性质区别考虑，发现当两大股东股权性质相同时，比如同属非国有股东时，股权制衡的效果相对较差。

通过上述分析，我们可以将股权结构与企业绩效之间的关系总结为倒“U”形，也就是存在着最优股权比例①。理由是，国有企业的突出问题是所有制缺位，由此可能会产生内部人控制问题。国有股东凭借资本和地位的优势，很容易发生侵占民营、外资等股东利益的情况，混合所有制改革打破了不同性质股权不能兼容的限制，使股权分散集中在不同股权性质的股东手中，形成相互制衡的法人治理结构，能够有效解决上述问题。适度的混合所有制改革，一方面打破了国有股“一股独大”的局面，另一方面也能够在企业内部形成相互制衡的机制，从而提高企业绩效。

综上所述，学术界关于股权性质和股权结构与企业绩效之间的关系尚未达成共识。我们考虑非国有资本和国有资本相互融合，能够有效调动各类资本的积极性，各自行使权力实现混合所有制改革的情形，而这种改革的程度和改革效应与企业绩效之间是非线性关系。基于此，本书提出如下研究假设：

H1：企业的混合所有制改革程度与企业绩效之间呈非线性关系，即企业混合所有制改革程度的选择存在门槛效应。

## 二、企业规模与企业绩效

组织经济学理论认为大企业内部复杂和僵化的层级体制使其缺乏灵活性，而规模经济理论认为多数企业（尤其是劳动密集型企业）随着规模的扩大可能带来生产率的提升从而提高企业绩效；而资本密集型企业规模扩大可能会削弱研发活动导致生产率下降，故企业规模和经营绩效之间可能存在“U”形关系。熊彼特假说认为企业规模与企业的创新能力正相关，规

① 最优股权结构是指能够使公司价值最大的不同股东的持股比例。企业在进行股权结构选择时面临着集中和分散的两难选择，所以，大股东与小股东之间的持股比例是研究的关键问题。

模更大的垄断企业意味着更强的创新能力和动力，能够为企业带来更多利润。所以，需要注意企业竞争活力的发挥与企业规模经济效益实现的关系。高端装备制造业这类战略性新兴产业现处于规模报酬递增阶段，企业的规模扩张有利于提高经营绩效。王威和刘庆（2018）运用结构方程模型对科技企业孵化器融资绩效的研究表明，扩大的经营规模和集中的股权结构对融资绩效具有促进作用，其中经营规模的作用最为显著。在国际化进程中的大规模企业，其国际化水平与企业绩效呈负相关，而中小规模企业的国际化能够促进企业绩效提升（张天顶等，2019），这说明企业规模与企业绩效之间存在具有阶段性特征的门槛效应。如果从宏观层面的市场结构类型来看，竞争性的市场结构能够增强企业从事研发活动的动力，提高利润；而垄断的市场结构会造成静态福利损失（Arrow，1962），但 Mansfiled（1968）[①] 曾指出中等竞争程度的市场结构对企业研发绩效的提升最为有利。这样看来，在市场结构中很可能也存在一个阈值，在这个阈值内企业规模会对企业绩效产生促进作用，而超出这个阈值可能会产生抑制作用。由此提出如下假设：

H2：企业绩效与企业所处行业的市场结构类型以及企业自身规模相关。

## 第二节　混合所有制企业股权结构安排的理论模型

混合所有制改革的核心问题是国有股权和非国有股权比例不断调整，实现所有制结构逐步转变。现有文献中，学者们主要从博弈的角度、体制转轨机制演变和改革实践三个视角来解释股权混合问题。本书主要基于混合寡头理论，围绕国有企业和私营企业在产品市场上的竞争展开，并通过竞争博弈模型模拟得出混合所有制企业的股权结构区间。

### 一、混合寡头理论

国有企业作为特殊的企业，一方面追求利润最大化，另一方面要承担

① Mansfield E. Industrial Research and Technological Innovation［M］. New York：W. W Norton，1968.

社会福利最大化的目标，完全国有或全部私有化都不是最优的（Matsumura，1998）。从现有文献来看，研究股权比例安排问题主要基于混合寡头理论，该理论中一个重要的假定是将国有企业的经济利润目标和社会福利目标统一在一个效用函数中，是研究国企改革问题的有效工具。国内学者平新乔（2000）最早开始该问题的研究，在等边际成本和线性市场需求函数的假设下，围绕国有企业目标函数的变化证明了国有股在国民经济中的比重不会趋于零。随后相关拓展研究也得到了相似结论，但更强调应该针对不同的市场竞争环境进行细化分析（欧瑞秋等，2014；陈俊龙、汤吉军，2016）。比如，在国有企业作为领导者、跟随者以及与民营企业的同步竞争者的三种竞争模式下，部分民营化是民营化的最优策略。国有企业作为跟随者时社会福利水平最高，伴随着部分民营化的进程，国有企业的定位应逐渐从领导者向跟随者转变。如果将国有企业分为竞争类和垄断类，再引入国有资本和非国有资本之间的效率差异作为影响国有股最优比例的关键变量，那么，国有企业在进行混合所有制改革时应甄别吸收非国有资本，提升改革效率，优化国有企业股权结构。

上述研究没有考虑私有企业数量的变化，都是基于古诺—纳什博弈的一家国有企业和一家私有企业的双寡头模型得出的结论。同期的学者也考虑过私有企业自由进入对均衡结果的影响，构建了包含企业数量变化的多寡头模型。Fraja 和 Delbono（1989）给出生产同质产品的一家国有企业和 N 个私有企业竞争的情形，证明了以社会福利最大化为目标的国有企业是否私有化取决于私有企业的数量，得出市场中私有企业数量越多则私有化程度越高的结论。另外，学者们围绕最优的民营化程度、国有股最优比例，应用混合寡头模型从不同角度进行了拓展。比如，结合管理授权激励合同的选择、进口关税、生产性产量补贴等因素对国有股最优比例进行选择。殷军（2016）考虑了私有企业的生产负外部性问题，分析了国有企业混合所有制改革对社会净福利的影响，揭示了混合所有制改革的内在机制，并得出国有企业最优的混合比例。Lee S. H. 和 Xu L.（2018）研究了在征收排放税的环境外部性下的双寡头垄断，国有企业领导比私有企业领导的社会福利要好，如果进行私有化将使福利恶化。

本书在传统模型的基础上，放松产品同质的假定，考虑产品差别程度对国有企业和私有企业产量竞争的影响；同时，由于高端装备制造行业属于一般商业性的范畴，故应该考虑到私有企业数量的变化。基于此，本书构建竞争博弈模型求解混合所有制改革股权结构安排，以期为我国国有企业的混合所有制改革实践提供理论依据。

## 二、基本模型构建

从现实社会中国有企业和私有企业的市场竞争关系出发，在讨论国有企业私有化问题时应该考虑私有企业个数，同时考虑其对市场结构的影响。因此，本书在设置需求函数时将市场规模和产品差别程度这两个影响市场结构的主要因素考虑其中。考察一个存在一家混合所有制经营的国有企业（企业 1）和 n 家私营企业的产品行业，国有企业和私有企业之间提供差异化产品，所有企业在市场上开展数量竞争。参考 Singh 和 Vives（1984）的研究，假设一个代表性消费者的效用函数为：

$$U = a\left(q_1 + \sum_{i=2}^{n} q_i\right) - \frac{1}{2}\left[q_1^2 + \left(\sum_{i=2}^{n} q_i^2\right)\right] - bq_1\sum_{i=2}^{n} q_i + m \qquad (6-1)$$

其中，a 用来衡量市场规模，$q_1$ 和 $q_i$ 分别表示国有企业和私有企业的产出，m 表示计价物的数量；$b(0<b<1)$ 刻画了国有企业和私有企业间的产品差异程度，$b=0$ 时，产品同质可以完全替代；$b=1$ 时，产品完全差异化。

由此，可以得到每一家企业的反需求函数：

$$p_1 = a - q_1 - b\sum_{i=2}^{n} q_i$$
$$p_i = a - bq_1 - \sum_{i=2}^{n} q_i \qquad (6-2)$$

对于成本函数的设定本书参考欧瑞秋等（2014）的做法，假设行业内的生产效率相同，生产效率参数为 k，设置具有规模报酬递减特点的二次型成本函数：

$$C = \frac{k}{2}q^2, \ k > 0 \qquad (6-3)$$

那么，国有企业和私有企业的利润函数分别为：

$$\pi_1 = \left(a - q_1 - b\sum_{i=2}^{n} q_i\right) q_1 - \frac{k}{2}q_1^2$$
$$\pi_i = \left(a - bq_1 - \sum_{i=2}^{n} q_i\right) q_i - \frac{k}{2}q_i^2 \qquad (6-4)$$

社会福利可以定义为企业利润和消费者剩余的总和：

$$W = \pi_1 + \sum_{i=2}^{n} \pi_i + CS$$
$$CS = \frac{1}{2}\left[q_1^2 + 2bq_1 \sum_{i=2}^{n} q_i + \left(\sum_{i=2}^{n} q_i\right)^2\right] \tag{6-5}$$

企业 1 为股权混合所有的国有控股企业，其目标是多元化的，需要同时满足国有企业和私有企业经营的目标，不仅要实现私有企业利润最大化目标，而且要保证国有资本绩效、实现盈利以及国有企业的社会福利最大化目标。在以往的文献中，将这种国有企业和私有企业等不同市场主体在一个市场进行不完全竞争的情形称为“混合寡头”（陈林等，2017）。依据混合寡头模型的一般设定，企业 1 的目标函数可以表现为国有企业利润和社会福利的加权平均，而私有企业追求利润最大化的单一目标。那么，两类企业的目标函数为：

$$U_1 = \theta\pi_1 + (1 - \theta) W$$
$$U_i = \pi_i \tag{6-6}$$

其中，θ 表示国有企业的所有制混合程度，θ 越大，混合程度越高，1-θ表示国有资本的持股比例。θ=1，说明国有企业已经被完全私有化，经营目标为利润最大化；θ=0，表示完全国有的状态，目标为社会福利最大化。

考虑如下多阶段的博弈：首先，政府选择合适的混合程度 θ，实现社会福利的最大化。其次，在确定的混合程度 θ 下，国有企业和私有企业各自最大化自身效用水平进行产量竞争。国有企业和私有企业将围绕产量进行同步决策，即古诺竞争。

## 三、模型分析

在上述多寡头模型中，国有企业需要选择变量（θ，$q^*$）使模型处于均衡状态。国有企业在产品市场上与私有企业展开竞争，首先通过逆向归纳求解 $q^*$。国有企业和私有企业各自最大化自身的效用函数，得到如下一阶条件：

$$\frac{\partial U_1}{\partial q_1} = a - (\theta + 1)q_1 - kq_1 - b\sum_{i=2}^{n} q_i$$
$$\frac{\partial U_i}{\partial q_i} = a - kq_i - \sum_{i=2}^{n} q_i - bq_1 \tag{6-7}$$

求解式（6-7），可得纳什均衡状态下的产量组合：

$$q_1 = \frac{[k + (1 - b)n]a}{(1 + \theta + k - b^2)n + k(1 + \theta + k)}$$
$$q_i = \frac{(1 + \theta + k - b)a}{k^2 + (1 + n + \theta)k + n(1 + \theta - b^2)} \tag{6-8}$$

当国有企业确定产量 $q^*$ 后，由政府来选择混合程度 θ，求解$\max\limits_{\theta} U_1$ 问题，得到：

$$\theta^* = \frac{(n - 1)(k + 1 - b)bk}{k^2 + (2n - b)k + n^2(1 - b)} \tag{6-9}$$

分析式（6-9）关于最优混合程度 $\theta^*$ 的结果，可以得到如下命题：

命题 1：处于竞争领域的国有企业，当其和私有企业的产品存在差异性并且生产呈规模报酬递减特征时，对国有企业进行混合所有制改革，最优化的混合所有制改革程度应为 $\theta^* = \frac{(n - 1)(k + 1 - b)bk}{k^2 + (2n - b)k + n^2(1 - b)}$。

命题 2：充分竞争领域的国有企业进行混合所有制改革时的混合程度受到行业内私有企业的数量、产品差异化程度以及行业生产效率高低的影响。行业生产效率越高，产品差异化程度越小，私有企业数量越多，则国有企业混合所有制改革的混合程度应该越高。

证明：对 $\theta^*$ 关于 k，b，n 求偏导，可得：

$$\frac{\partial\theta}{\partial k} = \frac{b[(1 + 2k - b)n + k](n - 1)(k - (b - 1)n)}{[(n^2(b - 1) - 2nk + k(b - k)]^2} > 0$$

$$\frac{\partial\theta}{\partial b} = -\frac{k(k^3 + (2n - 2b + 1))k^2 + (n^2 + (2 - 4b)n + b^2)k + n^2(1 - b)(n - 1)}{[n^2(b - 1) + (b - 2n)k - k^2]^2} < 0$$

$$\frac{\partial\theta}{\partial n} = \frac{kb(k + 1 - b)[k^2 + (2 - b)k - n(n - 2)(b - 1)]}{[n^2(b - 1) + (b - 2n)k - k^2]^2} > 0$$

市场结构对国有企业与私有企业股权的混合程度选择具有重要影响。私有企业的数量直接影响市场竞争的激烈程度，产品差异化程度会对市场结构产生影响，进而对国有企业混合所有制改革的目标和程度的选择产生

重要影响。对于处于竞争性领域的国有企业来说，行业内私有企业数量越多，产品差异程度越小，对国有企业造成的市场竞争压力就越大。加大混合所有制改革的力度，与非国有资本实现股权层面的混合，并在治理机制、管理结构等多方面融合，将有利于国有企业提升绩效。政府应减少对企业经营的行政干预，营造公平竞争的市场环境，使国有企业成为真正的市场竞争主体。

为了更直观地看出混合程度、产品差异化程度以及行业内私有企业数量之间的关系，本书运用 MATLAB2016 对 $\theta^*$ 进行数值模拟。计算 $\theta^*$ 函数在 $k=1$，$2\leqslant n\leqslant 12$，$0\leqslant b\leqslant 1$ 范围内的取值。如图 6-1 所示，行业内私有企业数量 n、产品差别程度 b 以及最优混合比例 θ 的分布，在 $2\leqslant n\leqslant 12$ 这个区间内，θ 将落在（0，0.5）这个区间，而且 θ 随着 n 的增大有增加的趋势。也就是说，在竞争性领域，可以引入 50%的非国有资本进行混合。并且行业内企业数量越多，市场竞争越激烈，引入的非国有资本比例可以更高，甚至超过 50%。

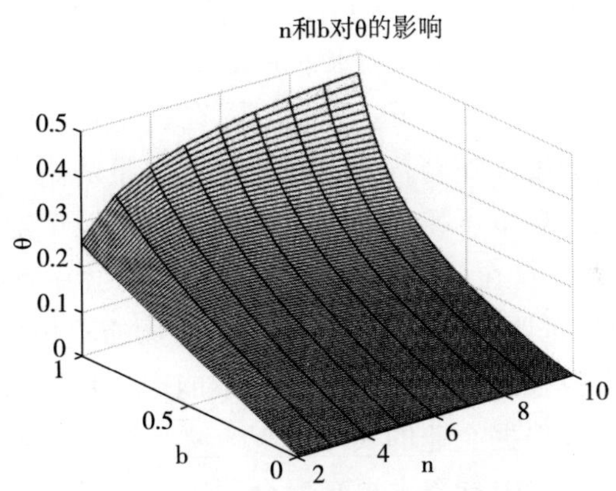


**图 6-1　n 和 b 与混合程度之间的关系**

同时我们考察竞争性市场条件下国有企业的混合程度与整体社会福利水平之间的关系，得到式（6-10）：

$$\frac{\partial W}{\partial \theta}=\frac{\theta(n+k)a^2\ (k+(1-b)n)^2}{[k(1+\theta+k)+(1+\theta+k-b^2)n]^3} \tag{6-10}$$

进一步地，为了简化分析，我们将市场规模标准化为 1，当 $k=1$，$b=0$ 时，我们可以得到社会福利函数 $W=\frac{(n^2+1)\ \theta^2+\ (6n^2+4n+6)\ \theta+6n^2+4n+6}{2\ (\theta+2)^2\ (n+1)^2}$。

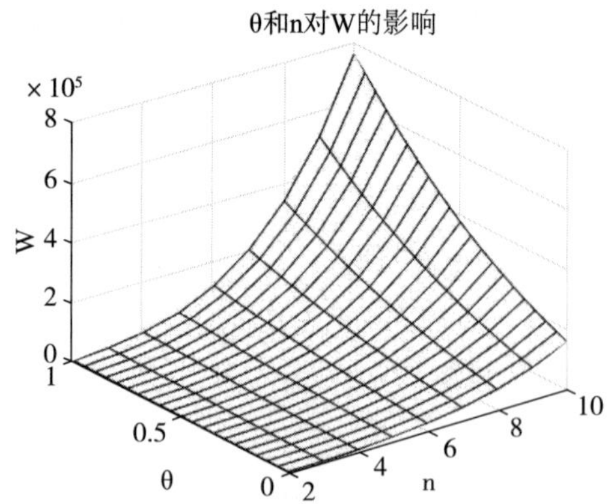


**图 6-2　混合程度 θ 与 n 对 W 的影响**

计算社会福利函数 W 在 $0\leqslant\theta\leqslant1$、$2\leqslant n\leqslant10$ 范围内的取值变化情况，相应结果见图 6-2。我们发现，随着私有企业数量 n 的增大，混合程度 θ 越接近于 1，社会福利水平越高。由此得到如下命题：

命题 3：在既定的生产效率和市场规模水平下，如果国有企业与私有企业生产完全无差异的同种产品，随着私有企业数量的增加，国有企业混合比例越高，越有利于整个社会福利水平的改善。

上述命题的经济学解释如下：首先，国有企业会在激烈的市场竞争中加大市场化改革的力度。随着行业内私有企业数量的增多，市场竞争变得越来越激烈。根据可竞争市场理论，企业会适时采取一定措施以保持自身竞争优势用来应对来自在位企业及新进入企业的潜在竞争威胁。刘小玄（2003）的实证研究证明了国有产权和竞争性市场的不相容性，即较高比例的国有产权结构在较强的市场竞争条件下不能产生良好的绩效。因此，竞争性国有企业，应该根据企业的实际情况，降低国有股比例，适时推进混合所有制改革，引入非国有资本提高混合程度，以提高产量规模和企业的市场竞争力。其次，随着市场化程度的提高和竞争机制的引入，国有企业的混合所有制改革能够改善和提高社会福利水平。在竞争程度比较高的行业中，无论是国有企业还是私有企业都将想方设法地扩大企业优势、提升企业的竞争力来增加市场占有率，这样迫使企业更多地从事技术创新及研发活动，通过提高生产率降低生产的边际成本。这样，不仅有利于企业提高绩效，同时增加消费者剩余，实现整个社会福利水平的提高。

综上，处于竞争性领域的高端装备制造国有企业应该积极推进混合所有制改革，按照市场规则来运作，以利润最大化为目标，逐渐减少国有企

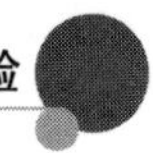

业所承担的社会公共服务职能。支持、鼓励、引导非国有资本（包括民营资本和外资资本）进入，转变为混合所有制企业，实现产权主体多元化。由于私人所有权比国有股权更有效率，所以，当所有权由政府转移给私人部门时，能够显著提高企业的盈利能力和生产率。因此，在竞争性领域，政府的职能应该是为企业创造公平的竞争环境，减少对企业经营决策的控制与干预，鼓励和引导更多的非国有资本进入国有企业，实现投资主体多元化。

# 第三节　混合所有制结构与企业绩效的实证检验

## 一、数据来源与变量选择

### （一）数据来源

本书的研究对象为高端装备制造混合所有制企业。关于混合所有制企业的识别参考钟昀珈等（2016）、方明月等（2019）的做法，从国有控股和国有参股两个类型来识别进行混合所有制改革的国有企业。国有控股型包括实际控制人性质为国有的企业以及国有股比例大于50%并且至少有一种民营或外资（包含港澳台）股份的企业；国有参股型，即国有股比例小于50%并且至少有一种民营或外资（包含港澳台）股份的企业。另外，根据本章第二节对混合比例的模拟，可能出现国有股比例为0，即国企完全转制民企的情形。所以，在样本筛选时国有股比例降为0，但企业中包含外资股份或其他类型法人股的企业，我们也将此类企业视为一种特殊类型的混合所有制企业。考虑到样本的可获取性，本书在上海、深圳证券交易所上市的A股高端装备制造上市公司中筛选出此类企业241家为初始样本，并遵循如下原则进行数据筛选：剔除被ST处理的上市公司；剔除在观测年度存在相关财务数据缺失的样本，以保证研究数据的完整性；对连续变量进行了上下1%分位的Winsor缩尾处理，以降低离群值的影响。股权结构数据来源于CSMAR经济金融数据库，其他数据来源于锐思金融数据库。对于部分缺失数据，通过查找上市公司年报以及公司网站所披露的信息手工补充。

最终经过筛选确定 2013~2018 年 234 家高端装备制造上市公司的平衡面板数据，共计 1404 个有效观测值。

## （二）变量选择

（1）被解释变量：企业绩效。上市公司的企业绩效表现在两个方面，一个是证券市场绩效，另一个是经营绩效。证券市场绩效通常也被称为企业的市场价值，主要以企业的股票、债券等证券资产在公开市场上的交易价格表示，可以用托宾 Q 值（Tobin's Q）或者每股收益等市场指标来衡量。我国的证券市场成熟度较之美国等西方国家相对较低，有效性程度不足，不完全具备托宾 Q 值指标使用的前提条件。另外，托宾 Q 值在实际计算中主要与股票价格有关，用于反应股票价格和企业投资支出的关联关系。我国股票市场价格波动较大，现有数据也不能严格准确地计算出重置成本和企业市值。因此在本书中，不适合采用托宾 Q 值来反映企业绩效。企业的经营绩效或者说财务绩效，主要表现了企业的产品或服务的市场价值，用于反映企业实物资产的获利能力和经营水平，是反映企业发展的重要指标，也被称为经营绩效。在现有研究中一般以一些财务指标来衡量企业的经营绩效，比如净资产收益率（Roe）、总资产收益率（Roa）、投资资本收益率（Roic）等利润率指标。本书借鉴以往研究选用净资产收益率（Roe）指标作为企业经营绩效的代表变量。

核心解释变量：混合所有制结构。混合所有制改革是否能对企业的经营绩效发挥作用，关键在于非国有股（包括民营、外资等）能否真正行使自身权力。本书参考李永兵等（2015）、任广乾等（2019）衡量所有制混合程度的做法，将前十大股东按国有股、民营股、外资股划分，再取赫芬达尔指数的倒数得到股权所有制的混合程度。具体计算公式如下：

$$Hhjg = \frac{1}{\sum_{j=1}^{3} R_j^2} \tag{6-11}$$

（2）门槛变量：企业规模。企业规模与企业绩效之间的关系是企业理论中的焦点问题。在其他条件不变的情况下，企业规模会影响企业绩效。一个合适的规模对于企业来说能够通过提升技术创新能力带动企业绩效的提高。因此，在考虑混合所有制改革程度对企业绩效影响时应该考虑到企业规模因素。不同企业之间的规模大小是具有差异性的，一般我们对企业

规模的划分以员工总数和企业总资产两个指标为标志，员工人数侧重于企业的组织规模方面，而资产规模侧重于衡量企业经营规模。本书重点关注经营绩效和财务绩效的提高，故采用文献中常用的企业资产总额来衡量企业规模，并作为门槛变量。

（3）控制变量：企业的经营绩效除了受股权结构影响外，还会受到企业融资方式的影响。融资方式即企业融资的渠道，稳定的资金来源有利于企业的发展。融资方式主要有两种渠道：内源融资和外源融资。企业通常依靠自身力量解决资金需求问题，但随着企业生产规模的扩大和技术进步的要求，通过自有资金积累的内源融资方式很难完全满足企业的资金需求，因此，需要外源融资方式为企业发展获取资金。外源融资又可以分为债务协助企业融资和股权协助企业融资。根据资本来源不同，本书参考李士梅和李安（2018）的做法，用债券资本率、股权资本率和内源资本率分别表示企业不同类型的资本，并将其选为公司的特征控制变量。同时控制董事会治理及激励机制的相关变量。各控制变量的名称、符号及定义如表 6-1 所示。

**表 6-1　变量名称、符号及定义**

| 变量名称 | 符号 | 定义 |
|---|---|---|
| 企业绩效 | Roe | 净资产收益率＝息税前利润/资产总额 |
| 混合所有制结构 | Hhjg | 赫芬达尔指数的倒数 |
| 企业规模 | Size | 企业年末总资本的自然对数 |
| 股权资本率 | Efr | 实收资本（股本）/资产总额 |
| 债权资本率 | Dfr | 负债总额/资产总额 |
| 内源资本率 | Sfr | 企业留存收益/资产总额 |
| 董事会规模 | Broad | 董事会成员人数取自然对数 |
| 薪酬激励 | Sal | 前三名薪酬最高的高管薪酬总额的自然对数 |

## 二、模型构建

本书选择面板门限回归方法来验证本章 H1 和 H2。Hansen（1999）提出了对门限值进行参数估计和假设检验的面板门槛（门限）回归方法。门限自回归模型是一种客观的计量方法，可以有效克服研究者主观判定分界点可能造成的偏误。门限回归时利用观察值本身的特点估计出合适的门限值，而且不需要给定非线性方程的具体形式，较好地避免了传统回归加入二次项和交乘项容易出现的高度共线性问题。另外，假设检验的方法是建立在渐进分布理论基础上的，一方面能够检验门槛效应的统计显著性，另一方面能够准确建立待估计参数的置信区间。本书拟用面板门限回归模型分析混合所有制结构对企业绩效的影响，构建如下模型：

$$y_{it} = \mu_i + \beta'_1 x_{it} I(q_{it} \leqslant \gamma_1) + \beta'_2 x_{it} I(\gamma_1 < q_{it} \leqslant \gamma_2) + \beta'_3 x_{it} I(q_{it} > \gamma_2) + \varepsilon_{it}, \ \gamma_1 < \gamma_2 \tag{6-12}$$

其中，$y_{it}$为被解释变量经营绩效，本书以资产收益率作为其替代变量。核心解释变量 $x_{it}$为混合所有制结构；$q_{it}$为门槛变量，即企业规模；Contr 表示控制变量组，本书中包括股权资本率、债权资本率、内源资本率、董事会规模和薪酬激励；$\varepsilon_{it}$为随机误差项。$I(\cdot)$ 表示指示函数，当满足括号中的条件时 $I(\cdot)$ 取 1，不满足条件时 $I(\cdot)$ 取 0。$\beta'_1$ 和 $\beta'_2$ 分别是不同区制内核心解释变量的估计系数。具体的门槛值个数，我们采用循环法进行估计。在含有多个门槛值的模型中，首先估计出单一门槛模型的门槛值 $\gamma_1$，然后在检验第二个门槛值，找到残差平方和最小的 $\gamma_2$，即为第二个门槛值。然后继续第三个门槛值的检验，以此类推，直至门槛效应不显著为止。

## 三、平稳性检验

面板数据在进行回归前，需要对各面板序列进行平稳性检验，以避免虚假回归，确保估计结果的真实有效。剔除不变均值和时间趋势后，序列呈现零均值和同方差的特征，此时数据是平稳的。本书采用比较常用的两种面板数据单位根检验方法，即相同根单位根检验 LLC（Levin-Lin-Chu）检验和适用于不同根情形的 IPS（Im-Pesaran-Shin）检验。LLC 检验和 IPS 检验的零假设和备则假设不同，LLC 的原假设是存在单位根过程，IPS 刚好相反，备择假设是存在单位根过程。两种方法适用于不同的情形，而且 IPS 能够克服 LLC 检验的缺陷，允许面板中不同个体的 P 不同。经过检验，如果两种方法得出的 P 值小于 10%，说明通过检验，不存在单位根，序列为平稳过程；反之，如果 P 值大于 10%，说明面板数据序列是非平稳过程。

表 6-2 为相关变量的平稳性检验结果。我们发现企业绩效（Roe）、混合所有制结构（Hhjg）以及相关控制变量的水平序列均为平稳过程。企业规模

(Size)序列存在单位根，对其进行一阶差分后，序列平稳，通过检验。

表 6-2 相关变量的平稳性检验结果

| 变量 | LLC | | IPS | | 是否平稳 |
|---|---|---|---|---|---|
| | 统计量 | P 值 | 统计量 | P 值 | |
| Roe | -280.000 | 0.000 | -1.158 | 0.124 | 是 |
| Hhjg | -170.000 | 0.000 | -2.511 | 0.006 | 是 |
| Size | 2.738 | 0.997 | 7.115 | 1.000 | 否 |
| Efr | -87.607 | 0.000 | -0.830 | 0.203 | 是 |
| Dfr | -110.000 | 0.000 | 1.687 | 0.954 | 是 |
| Sfr | -850.000 | 0.000 | 12.361 | 1.000 | 是 |
| Board | -10.861 | 0.000 | -3.565 | 0.000 | 是 |
| Sal | -62.620 | 0.000 | 5.355 | 1.000 | 是 |
| Sizelag1 | 6.514 | 0.000 | 8.764 | 0.000 | 是 |

# 第四节 实证结果与分析

## 一、描述性统计

主要变量的描述性统计结果如表 6-3 所示。

表 6-3 变量的描述性统计

| 变量 | 样本 | 均值 | 标准差 | 最小值 | 中位数 | 最大值 |
|---|---|---|---|---|---|---|
| Roe | 1404 | 5.44 | 13.79 | -85.24 | 5.81 | 32.43 |
| Hhjg | 1404 | 4.75 | 3.79 | 1.41 | 3.33 | 22.09 |
| Size | 1404 | 21.00 | 1.77 | 16.81 | 20.86 | 26.54 |
| Efr | 1404 | 0.16 | 0.11 | 0.01 | 0.14 | 1.11 |
| Dfr | 1404 | 0.43 | 0.19 | 0.02 | 0.42 | 1.95 |
| Sfr | 1404 | 0.15 | 0.24 | -5.09 | 0.16 | 0.64 |

续表

| 变量 | 样本 | 均值 | 标准差 | 最小值 | 中位数 | 最大值 |
|---|---|---|---|---|---|---|
| Board | 1404 | 2.12 | 0.19 | 1.39 | 2.20 | 2.89 |
| Sal | 1404 | 14.27 | 0.64 | 11.82 | 14.22 | 17.02 |

企业绩效（Roe）由资产收益率来表示，一般来说，资产收益率越高表明企业的经营绩效越好。本书样本企业的 Roe 均值为 5.44，说明高端装备制造企业获得净收益的能力和效率整体较好；但最大值为 32.43，最小值为 -85.24，且标准差较大，说明各上市公司间的收益水平存在一定的差距，所选样本涵盖了不同经营绩效水平的企业。企业的混合所有制结构（Hhjg）均值为 4.75，这说明股权分散在不同性质的股东手中，形成了一定的制衡性。该变量的最大值为 22.09，最小值为 1.41，两数值间差距较大，这说明本书选择的样本企业分布较广泛，涵盖了不同类型的股权结构，有一定的代表性。企业规模（Size）为企业总资产的自然对数，企业规模的标准差是 1.77，样本企业规模较为稳定。股权资本率（Efr）为资产总额中实收资本所占比重。该指标能够体现企业在长期中资本周转的能力和承受风险的能力，均值为 0.16，各分位数值之间差异不大，说明样本企业的股权资本率差别不大。债权资本率（Dfr）为企业负债总额占资产总额的百分比。均值为 0.43，中位数为 0.42，说明高端装备制造企业负债比例较高，且约占总资产的半数以上。内源资本率（Sfr）表示企业留存收益占资产总额的比值。该指标的均值为 0.15，各分位数值也均在 0.1 左右，说明样本企业的留存收益并不多，这也从一个方面说明了企业内部盈利水平不高，从生产经营活动中所获净利润不多。董事会规模均值为 2.12，标准差为 0.19，各企业董事会规模差异不大。薪酬激励的代表变量最小值为 11.82，最大值为 17.02，所选样本分布较广，有一定的代表性。

## 二、面板门限模型的估计

我们以企业规模作为门槛变量，验证高端装备制造企业的混合所有制结构对企业绩效的影响，考察混合所有制企业的股权结构比例与企业绩效之间是否存在资产规模的门槛效应。首先对模型进行 Hausman 检验，结果表明可以采用固定效应模型。然后依次假设不存在门槛效应、单一门槛、

双重门槛和三重门槛，对面板数据进行估计，由此来确定门槛值的个数和模型的具体形式。表 6-4 列出了通过自抽样法重复抽样 1000 次得到的不同门槛个数和对应模型的 P 值、F 值以及临界值。

**表 6-4　门槛效应自抽样检验**

| Threshold | Bs | Fstat | Prob | 临界值 | | |
|---|---|---|---|---|---|---|
| 模型 | Bs 次数 | F 值 | P 值 | 1% | 5% | 10% |
| 单一门槛（Single） | 1000 | 6.34 | 0.641 | 14.574 | 17.377 | 23.862 |
| 双重门槛（Double） | 1000 | 22.75 | 0.001 | 11.145 | 13.245 | 17.581 |
| 三重门槛（Triple） | 1000 | 5.53 | 0.462 | 11.175 | 16.732 | 41.841 |

表 6-4 的结果显示，模型在自抽样检验测试中通过了双重门槛效应，表明混合所有制结构对企业经营绩效的影响存在双重门槛效应，对应 P 值为 0.001，在 1%的水平下显著，验证了混合所有制结构与企业绩效之间存在非线性关系。单一门槛的自抽样 P 值为 0.641，三重门槛的自抽样 P 值为 0.462，门槛效应均不显著。我们可以从似然比函数（Likelyhood Ratio，LR）序列趋势图中获得更多关于阈值估计的信息。图 6-3 反映了多重门槛下门槛估计值的渐进分布特征，虚线以下分别是 $LR_1(\gamma)$、$LR_2(\gamma)$ 和 $LR_3(\gamma)$ 中 γ 的 95%置信区间。门槛估计值和置信区间的估计结果如表 6-5 所示。

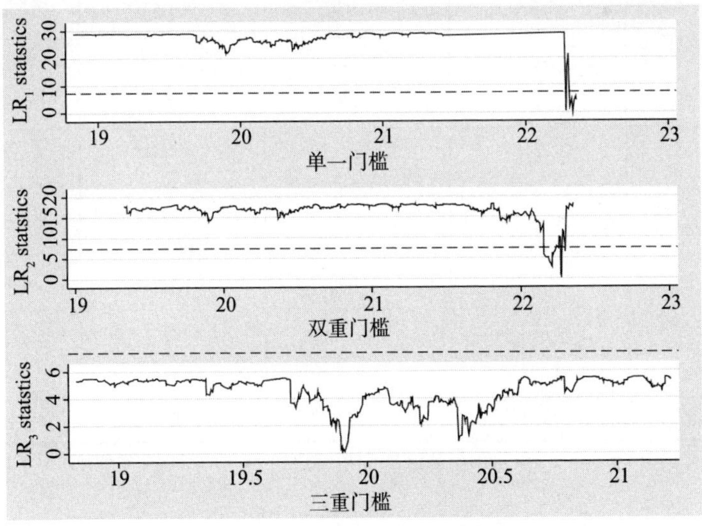


**图 6-3　多重门槛下门槛估计值的渐进分布特征**

**表 6-5 门槛估计值和置信区间**

| 门槛变量 | 门槛估计值 | 95%置信区间 |
|---|---|---|
| $\gamma_1$ | 22.3292 | [22.3094，22.3346] |
| $\gamma_2$ | 22.2717 | [22.2686，22.2746] |

## 三、门槛回归结果分析

门槛估计值确定后，对式（6-12）进行门限系数估计。为了对比回归效果，同时将传统面板回归随机效应模型结果列出，如表 6-6 所示。

**表 6-6 以企业规模为门槛变量的回归结果**

| 解释变量 | 随机效应 | 门槛回归模型 | | |
|---|---|---|---|---|
| | | Size<$\gamma_1$ | $\gamma_1$<Size<$\gamma_2$ | Size>$\gamma_2$ |
| Hhjg | -0.297** (-2.93) | -4.026*** (-4.34) | -3.062*** (-3.43) | 0.148* (0.26) |
| Efr | 4.887 (3.99) | -1.67 (5.70) | -1.67 (5.70) | -1.67 (5.70) |
| Dfr | 0.599 (2.33) | 9.718** (4.05) | 9.718** (4.05) | 9.718** (4.05) |
| Sfr | 29.554*** (1.83) | 27.831*** (2.39) | 27.831*** (2.39) | 27.831*** (2.39) |
| Board | -3.428* (1.98) | -5.515 (3.38) | -5.515 (3.38) | -5.515 (3.38) |
| Sal | 3.240*** (0.58) | 5.087*** (1.06) | 5.087*** (1.06) | 5.087*** (1.06) |
| 常数项 | -37.701*** (9.02) | | | |
| 样本量 | 1404 | 285 | 9 | 1108 |

注：括号内为 t 值；*、** 和 *** 分别表示估计量在 10%、5%和 1%的统计水平下显著。

本书要讨论的问题是高端装备制造企业的经营绩效和混合所有制结构

之间是否存在门槛效应。如果假设不存在门槛效应，采用传统的面板回归模型，我们得到变量 Hhjg 的系数为-0.297，虽然在 5%的统计水平下显著，但是没有全面反映出变量之间的非线性关系。经过门槛效应检验可知，高端装备制造企业的混合所有制结构对企业经营绩效的作用存在显著的资产规模门槛效应。根据双重门槛效应估计，将混合所有制改革程度对企业绩效的影响划分为三种不同的作用机制：在总资产规模的第一个区间，变量 Hhjg 的系数为-4.026，且在 1%的统计水平下显著；在总资产规模的第二个区间，变量 Hhjg 的系数为-3.062，在 1%的统计水平下显著。经济含义为，在非超大规模的高端装备制造企业中，多元化且分散的股权结构对企业绩效有显著的促进作用；而在总资产规模的第三个区间，混合所有制结构与经营绩效正向相关，系数为 0.148 并在 10%的统计水平下显著。这说明，当企业的资产规模达到一定程度时，反而是相对集中的混合所有制结构有利于企业绩效的提升。在不同区间内混合所有制结构系数差异明显，不仅作用机制不同而且对企业绩效影响的敏感性相差至少 3 倍。说明不同规模的企业混合所有制改革时的股权结构安排应有所不同，超大规模企业形成相对集中且制衡的股权结构更有利于企业绩效的提升，而大多数企业适合于多元分散化的股权结构安排。

对于控制变量而言，度量公司融资规模、渠道债权资本率和内源资本率系数都为正，而且至少在 5%的水平下显著，具有很好的解释力。董事会规模在门槛回归模型中不显著，可能是因为缺少大股东的制衡，导致董事会对公司绩效的促进作用降低。高管薪酬激励对企业绩效在 1%的水平下显著为正，说明在混合所有制企业中薪酬激励发挥了良好的正向调节效应。

## 四、分区域回归结果分析

为了深入分析混合所有制结构与企业绩效的关系，检验不同地区的混合所有制企业是否依然存在门槛效应差异，本书按照国家统计局最新标准，分东北、东部、中部以及西部四个区域，在此基础上分别建立面板门槛模型，回归结果见表 6-7。

表 6-7　分区域面板门槛模型回归结果

| 变量 | 东北 | 东部 | 中部 | 西部 |
|---|---|---|---|---|
| 门槛估计值 | 22.7414 | 21.7191 | 19.5073<br>20.8339<br>22.0237 | 22.8060 |
| Nos( Size≤$\gamma_1$ ) | -3.269***<br>(2.30) | -2.219*<br>(2.36) | -3.274*<br>(2.37) | -1.081***<br>(0.32) |
| Nos( $\gamma_1$<Size≤$\gamma_2$ ) | 0.137***<br>(5.41) | -0.366<br>(0.14) | 0.126<br>(1.44) | -0.26<br>(0.21) |
| Nos( $\gamma_2$<Size≤$\gamma_3$ ) | | | -0.29*<br>(0.25) | |
| Nos( Size>$\gamma_3$ ) | | | 0.438***<br>(3.65) | |
| Efr | -19.691<br>(18.76) | 7.295<br>(7.42) | -19.243<br>(12.67) | -24.969*<br>(13.63) |
| Dfr | -6.209<br>(17.24) | 7.579***<br>(4.77) | 3.745<br>(9.64) | 20.85*<br>(12.41) |
| Sfr | 105.814***<br>(19.70) | 25.118***<br>(2.80) | 37.947***<br>(5.56) | 93.311***<br>(11.68) |
| Sal | 2.448*<br>(3.03) | 6.883***<br>(1.46) | 0.045<br>(2.06) | 6.363**<br>(2.49) |
| Board | -5.447**<br>(10.76) | -13.032***<br>(4.63) | 4.783<br>(5.62) | -2.885<br>(8.70) |

注：*、** 和 *** 分别表示估计量在 10%、5%和 1%的统计水平下显著。

分区域面板门槛模型回归结果（见表 6-7）显示东北地区、东部地区以及西部地区高端装备制造企业混合所有制结构与企业绩效之间存在单一门槛效应，而中部地区存在三重门槛效应。

东北地区结果显示，混合所有制结构在门槛值的两个区间内分别为-3.269和 0.137，且在 1%的统计水平下显著，与全样本下的混合所有制结构与企业绩效的趋势相同。东北地区高端装备制造企业在发展基础和资产规模上具有先天优势，有中国一重这样的重资产企业，也有像易世达等相对资产规模较小的企业，企业规模分布较全面，门槛效应显著。企业规模

续表

也是东北的高端装备制造企业发展的一个动力来源，超大资产规模的企业适合于相对集中的股权结构，而其他企业适用于多元分散的股权结构，有利于企业绩效提升。经过混合所有制改革后，合理的股权结构有利于激发企业的发展潜能，逐步实现资产增值。

在东部地区，混合所有制结构与企业绩效也表现出一重门槛效应，门槛值左侧混合所有制结构系数为-2.219，在10%的水平下显著，但是门槛值右侧混合所有制结构系数为-0.366，方向为负说明了股权多元化对企业绩效的促进作用，但是效果并不显著。该区域内聚集了众多资产雄厚的中央企业，同样偏向于多元化的股权结构，这可能与区域内市场化水平相关。

在中部地区，混合所有制结构的门槛值在四个区间内对企业绩效的影响各不相同。在资产规模跨越第一门槛时，分散的股权结构安排对企业绩效提升有显著的促进作用；当资产规模介于第二和第三门槛值之间时，这种促进效果有所减弱；当资产规模超过第三门槛时，转变为相对集中的股权结构有利于企业绩效提升。

在西部地区，混合所有制结构在门槛值左侧时，与企业绩效水平负相关，系数值为1.081，且在1%的统计水平下显著。这仍然肯定了多元化的股权结构对企业绩效的正向影响，但这种作用小于其他三个区域。

## 第五节　本章小结

本章从内部治理的核心机制股权结构出发，对混合所有制结构如何影响企业绩效进行理论与实证分析。

股权结构是内部治理机制的核心，也是混合所有制改革中“混”的关键。运用博弈分析方法，在存在产品差异的市场上构建国有企业和多家私有企业同时进行产量竞争的混合寡头模型。通过对产量和社会福利水平的分析，证明了混合所有制结构会受到市场结构、产品差异化程度的影响，是一个动态变量，并模拟得出国有高端装备制造企业混合所有制结构比例区间。混合股权结构的关键并不是各种资本的具体持股比例，而是不同类型股权的多元化混合和相互制衡，基于这个意义，本书针对到底由何种资本控股的问题提供了一个很好的解释。

混合所有制结构对企业绩效影响的实证检验。本章选取 2013~2018 年我国沪深 A 股高端装备制造混合所有制企业为研究对象，运用门限回归方法分析股权混合比例对企业绩效的非线性异质影响。研究结果如下：第一，股权混合程度会对企业绩效起到不同程度的促进作用。所以，高端装备制造国有企业通过引入异质性股东，形成多元化、合理制衡的股权结构，能够带来企业绩效的提升。第二，混合所有制结构与企业绩效之间存在企业规模的门槛效应。相对于规模较大的高端装备制造企业，混合所有制结构对规模较小的企业经营绩效有更强的促进作用。因此，超大资产规模的企业适合相对集中的股权结构，而其他企业适用于多元分散的股权结构。

# 第七章
# 产品市场竞争、内部治理与企业绩效

混合股权结构是内部公司治理机制的基础，影响企业绩效，而促进产品市场竞争是混合所有制改革的另一重要方向。作为一种典型的公司外部治理机制，产品市场竞争是如何影响企业绩效的呢？本章从内部治理（混合股权）和外部治理（市场竞争）两个维度同时考察混合所有制改革对企业绩效的影响，并探讨二者之间的交互关系。

## 第一节　理论背景与研究假设

### 一、产品市场竞争与企业绩效

企业的发展离不开外部环境，外部环境也会直接或通过内部治理机制间接影响企业行为。产品市场竞争是公司外部治理中最重要的一种机制，它反映了企业的外部治理环境，同时也影响着企业内部各项决策的制定。从提高公司治理效率的角度，学者们普遍认为外部市场机制可以是内部治理机制的替代，竞争程度越高，企业绩效越好。首先，产品市场竞争能够改善委托代理问题，是解决大企业病的一种有效外部机制。国有企业在2013年之前实施的公司治理改革效果较弱，原因可能是忽视了产品市场竞争对提高国有企业价值的积极影响。产品市场具有价格、质量以及销售等信息的传递功能，在竞争机制的作用下，迫使企业改变成本收益函数，管理层做出与股东利益趋于一致的投资与经营决策，有效地缓解了高管盲目扩张、降低公司价值和占用企业资源获取控制权收益两类委托代理问题。

竞争不仅能够给企业带来破产和声誉威胁，同样可以通过业绩标杆的形式传递高管和经理层的努力程度和经营能力，缓解了管理层安于现状的委托代理问题。其次，市场竞争对企业的技术效率、生产率提高有积极影响。Januszewski（2002）对德国制造业企业的研究也表明，过于集中的股权结构不利于生产率提高，但激烈的竞争对企业生产力有积极正向的影响。学者们对不同国家地区及行业的实证检验都证实了产品市场竞争的加剧能够起到提高企业生产率和生产效率的作用。企业竞争优势外生理论认为，市场结构、行业地位等都是企业竞争优势的源泉，由于行业学习效应，在竞争机制下，容易形成投资标杆和行业共识，以提高整体投资效率。有效的市场竞争还可以检验上市公司在资本市场上释放出的信息，从而起到抑制过度投资的作用。也有学者对产品市场竞争与企业绩效关系持反面观点，认为激烈的市场竞争反而会破坏企业价值，比如 Schmid 和 Beiner（2011）、谭庆美（2013）。张伟和于良春（2015）提出，在混合所有制改革背景下，企业可能会凭借自身的市场优势排斥其他企业的竞争而形成反竞争效应。但是产权结构和市场结构在市场圈定和反竞争效应中存在替代，国有企业中引入私有产权能够提高动态效率。所以，在不同产权结构下，可能会产生更好的资本配置效率，因为混合所有制可以在资源配置效率结果和动态效率之间进行权衡，协调竞争策略。由此，本书提出假设：

H1：在竞争性领域的混合所有制企业中，企业的生产率会随着产品市场竞争强度的增加而提高。

## 二、混合所有制结构与产品市场竞争的交互关系

产品市场竞争是一种典型的为经理人提供外部压力，刺激其消除管理懈怠以及代理问题的外部治理机制。产品市场竞争越激烈，越有利于提升企业绩效，但是在混合所有制企业中，公司治理的每一种内外部机制都有自己的作用途径，单一地衡量某种机制而忽视与其他机制的交互关系，很难全面衡量治理效果。因此，本书拟考察混合所有制企业中内外部治理机制之间的交互（替代或互补）关系，探讨单一企业内部股权混合问题与产品市场竞争的关系问题。

混合所有制结构决定了企业的产权属性，是公司治理改革的核心，是企业的微观制度基础。产品市场竞争是学术界目前最关注的外部治理机制，

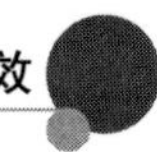

故本书主要讨论混合所有制结构与产品市场竞争之间对企业绩效影响的交互关系。从现有文献来看，研究结论并不统一。Nickell（1997）、宋增基等（2009）支持替代关系，他们认为产品市场竞争是内部所有权控制的良好替代机制。花冯涛等（2017）研究发现，在国有产权背景下，公司信息质量在产品市场竞争与股权结构之间起到中介作用，市场竞争程度越强，股权结构的公司治理影响越小，股权制衡和市场竞争的作用不兼容。但是，控股股东的属性并不是决定企业生产率的关键因素，良好的股权结构才是企业绩效的关键，而产品市场竞争能够强化合理股权结构对企业绩效的促进作用，即二者之间存在互补效应（Grosfeld 和 Tressel，2002）。产品市场竞争能够强化股权治理效应，抑制过度投资，提升企业投资效率；在既定的产品市场竞争强度下，企业股权所有制结构是导致公司治理结构改革效果差异的原因。在国有企业中，产品市场竞争程度越强，股权激励的效应就越明显，企业绩效提高越显著。因此，深化国有企业产权改革和完善产品市场竞争在提高企业绩效方面同等重要。企业在转化为混合所有制后，其所有权结构对市场竞争能力、经营绩效以及技术创新能力都有明显的正向作用[①]。混合股权结构能够促进企业构建竞争优势并实现价值最大化（Belloc，2012）。混合股权的存在，能够起到优化企业资源配置、改善内部治理的作用，股东间相互牵制制衡利益相互约束，同时也起到强化市场竞争的作用。由此，本书提出假设：

H2：在其他条件不变的情况下，就提高企业绩效而言，混合股权结构与产品市场竞争是互补的，即当两者共同影响企业绩效时其作用方向是一致的。

## 三、激励机制的调节效应

现有研究已经证明，产权与竞争、产权与公司治理之间存在着交互关系，因此，产品市场竞争和公司治理及治理效果是相互约束的。在混合所有制企业中，产品市场竞争最重要的作用在于解决信息不对称问题，发挥信息传递机制，而激励机制能够增强这种信息传递作用。根据委托代理理论，股东和高管层的目标是不一样的，适当的激励机制能够减轻高管的机

① 张文魁．中国混合所有制企业的兴起及其公司治理研究［M］．北京：经济科学出版社，2010：169.

会主义行为，降低代理成本，促使双方目标利益一致。因此，产品市场竞争与企业绩效之间的关系会受到激励机制的影响。在一定的产品市场竞争程度下，设计良好的激励机制在企业内部强化外部市场的影响，进而改变其对企业绩效的影响效果。于是，我们认为激励机制在产品市场竞争与企业绩效关系中具有调节作用。具体地，考虑常见的短期激励和长期激励方式，探讨不同激励方式的调节作用。

货币薪酬激励是最典型的短期激励方式。关于企业内部竞争性薪酬激励效应主要有两种理论解释：锦标赛理论，员工在企业内部获得的薪酬或晋升类似一种锦标赛，锦标赛的预期结果是高管与普通员工间的薪酬差距能够提高企业的经营效率；社会比较理论，当员工对薪酬激励缺少客观评价来源和标准时，会通过与其他人收入的比较来衡量自己的收入是否公平，在心理上产生薪酬攀比效应。首先，产品市场竞争的存在相当于完善了薪酬评价的客观标准，容易形成公平性的认识，管理层薪酬水平与员工薪酬水平的差距会造成职工薪酬满意度下降，挫伤工作积极性，从而造成企业业绩下降。由此，在竞争机制比较完善的产品市场上，管理层过高的薪酬可能会对企业的市场业绩造成负面影响。其次，在竞争激励的市场上，管理层的努力程度容易识别，客观上抑制了管理层可能损伤股东利益的行为，而且为了抵御外部市场的压力，管理层出于自身声誉考量也会增加危机感和责任感，仍然会为企业价值而努力，降低对薪酬激励的敏感度。由此，本书提出假设：

H3：短期薪酬激励与产品市场竞争强度对企业绩效的影响反向相关。

从长期来看，激励机制还有股权激励和任期激励两种主要形式。

股权激励是协调股东与管理者两个不同利益群体的激励制度安排。代理理论认为，股权激励的治理会产生利益协同效应与壕沟效应两种结果；导致管理层持股也可能带来两个结果：与股东利益趋同，实现企业增值或者因追求自身利益控制企业导致价值偏离。也有研究表明，管理层不同的持股比例会表现出不同的激励程度。所以，股权激励和企业绩效之间的关系是不确定的，仅研究激励机制对企业绩效的影响是不适合的。但是，激励机制可以通过反映市场的竞争程度和竞争信息来影响企业绩效。竞争性的产品市场和信息的反馈，有利于筛选出真正努力和有能力的高管来增强治理的有效性。股权激励的本质是管理层与股东间对未来利益分配达成的契约，管理层为了长期的收益共享维护自身声誉，竭力避免其损害价值的行为，股权激励强化了管理层的自我约束监督，与产品市场竞争的监督机制互相补

充。因此，股权激励能够进一步促进竞争对企业绩效的影响，管理层持股比例越高时，产品市场竞争对企业绩效的促进作用越好。由此，本书提出假设：

H4：股权激励能够强化产品市场竞争对企业绩效的正向作用。

任期激励，即在充分考虑管理者年龄、能力以及既有任期等多方面因素的基础上，对管理者未来任职年限的预判，延长了管理者的任职生命周期，是企业对管理者基于既有任期的长期激励。管理者对未来任期的预期越短，意味着即将卸任，在职消费等隐形激励也即将消失，很容易出现管理短视、谋取私利的行为。即将卸任的管理者即使在激烈竞争的市场上，声誉效应也很难发挥激励作用，反而刺激管理者不惜牺牲企业远期利益而完成现期绩效，弱化了管理者努力、个人利益和企业利益之间的因果联系。相反地，预期越长，管理者将个人利益与企业利益联系得更加紧密，对企业未来信心增强，对未来业绩看好。管理者为了自身职业生涯发展会更加看重市场中的声誉评级，产品市场竞争越激烈，越能够强化声誉效应的激励效果，同时管理者为了获取长期的更高收益就必须考虑企业的长远发展，对企业的价值贡献就越大。管理者随着未来任期的延长，面对市场竞争时，会从提高企业竞争力和市场地位的角度出发，加大创新研发力度，通过技术创新为企业赢得新的技术优势，以期形成新的利润增长点。管理者对未来任期的预期越长，出于自身职业生涯和企业可持续发展的角度，会更加积极地应对市场竞争带来的挑战，创造企业新增长点，促进企业绩效和价值的提升。所以，高管预期任期在产品市场竞争和企业绩效关系中会起到显著的调节作用。由此，本书提出假设：

H5：管理者预期任期越长，产品市场竞争对企业绩效的促进作用越好。

## 第二节 混合股权与产品市场竞争的互补关系

### 一、研究设计

#### （一）数据来源

本书以上海、深圳证券交易所上市的 A 股上市公司为初始样本，从中筛选出高端装备制造混合所有制企业 241 家①，样本区间在 2010~2018 年。上市公司的数据时效性和完整性较好，且产品市场竞争的治理作用也比较具有代表性。剔除样本期内被 ST、PT 处理的上市公司；剔除在观测年度存在相关财务数据缺失的样本，最终得到 233 家样本企业，1730 个非平衡面板数据，其中，股权结构、董事会治理相关数据来源于 CSMAR 经济金融数据库，其他数据均来源于锐思金融数据库。

## （二）变量说明

被解释变量为企业绩效。选择普遍使用的资产报酬率（Roa）作为反映企业经营绩效的财务指标。同时采用销售利润增长率（Rrratio）作为稳健性检验指标。

解释变量为产品市场竞争。在现有研究和实践中，衡量产品市场竞争最常用的指标是 HHI、CRn 和勒纳指数，这三个指数主要是以衡量垄断势力强弱来代表市场结构的方式，实际上是竞争的反向指标。近年来，也有学者选用营业收入和营业成本来计算勒纳指数，或者以营业收入为基础设计变量，比如何玉润等（2015）、张济建等（2017）。营业收入相对较少地受到企业筹资及投资决策影响，更直接地反映了企业在产品市场的表现，在一定程度上也避免了内生性问题。本书参考傅传锐（2014）的做法，选择公司间经营策略敏感度（Csm）作为产品市场竞争的代理变量。企业自身的营业收入要受到其同行竞争对手经营策略变动的影响，因此，该指标以企业与其同行竞争对手经营策略对营业收入影响的相对程度来反映企业间竞争互动强度。借鉴现有研究，公司间经营敏感度（Csm）的计算过程如下：

定义企业 i 营业收入的非正常变动 $dAX_{i,t}$。一般而言，企业营业收入的非正常变化主要是由企业自身活动和同行竞争对手行为引起的，故其值等于企业 i 在 t-1 年至 t 年自身营业收入的变动额减去企业 i 所在行业的平均营业收入变化额。

$$dAX_{i,t} = (X_{i,t} - X_{i,t-1}) - \left[\sum_{i=1}^{n} (X_{i,t} - X_{i,t-1}/n)\right] \quad (7-1)$$

对式（7-1）求全微分，得：

① 混合所有制企业的识别方法以及初始样本的确定同第六章第三节。

$$dAX_{it} = \frac{\partial AX_{it}}{\partial C_{it}} dC_{it} + \frac{\partial AX_{it}}{\partial C_{mt}} dC_{mt} + \varepsilon_{it} \tag{7-2}$$

其中，$C_{it}$表示企业 i 在 t 年的竞争行为，$C_{mt}$用于度量产品市场上同行对手企业的竞争行为。企业的竞争行为可以用销售费用和管理费来衡量，记为 SA。由此建立面板数据模型如下：

$$dAX_{i,t} = \alpha + \beta(SA_{i,t} - SA_{i,t-1}) + \gamma\left[\sum_{m=1,m\neq i}^{m}(SA_{m,t} - SA_{m,t-1})\right] + \varepsilon_{i,t} \tag{7-3}$$

式（7-3）中，（$SA_{i,t}-SA_{i,t-1}$）表示企业 i 自身的竞争行为变化，$\sum_{m=1,\ m\neq i}^{m}$（$SA_{m,t}-SA_{m,t-1}$）用于度量企业 i 同行企业的竞争行为变化。定义 $Csm=-\frac{\gamma}{\beta}$①，β 与 γ 为模型（7-3）的系数估计值。Csm 的值越大，表明企业对竞争对手的行为越敏感，容易受到对手行为的影响，即企业间竞争强度越大。同时，本书采用行业内市场势力（Scsl）和主营业务利润率（Zyywlrl）作为产品市场竞争的稳健性检验指标。

解释变量为混合股权。混合所有制企业的股权结构，最关键的两个特征是股权的多元化和制衡度。本书参考祁怀锦（2018）的做法，将前十大股东中非国有股东比例之和定义为混合主体深入度（Con1）作为混合股权结构的代理变量，同时选择公司治理制衡度（Con2）作为混合股权结构的稳健性检验变量。

控制变量是为了测算出混合股权结构与产品市场竞争对企业绩效的净效应，需要控制其他可能影响企业绩效的因素。选取资产负债率（Debtr）、董事会规模（Board）、高管薪酬（Sal）、企业规模（Size）、企业年龄（Age）作为控制变量。所有的变量符号及说明见表 7-1，变量描述性统计分析见表 7-2。

## （三）计量模型构建

基于本书的研究 H1 和 H2，考察混合股权结构与产品市场竞争这两种

① 通常企业自身的竞争行为变化系数应为正（β>0），而对手企业的竞争行为变化系数为负（γ<0）。

公司治理机制之间的交互关系，构建如下模型：

$$roa_{it} = \alpha_0 + \alpha_1 con_{it} + \alpha_2 csm_{it} + \alpha_3 CVs_{it} + \varepsilon_{it} \tag{7-4}$$

其中，roa 为被解释变量企业绩效，con 代表混合股权，csm 代表产品市场竞争，ε 为模型随机误差项。

**表 7-1　变量符号及说明**

| 变量类型 | 符号 | 变量名称 | 说明 |
| --- | --- | --- | --- |
| 因变量 | Roa | 资产报酬率 | 企业税后净利润/总资产 |
| | Rrratio | 销售利润增长率 | 本年度营业利润增长额/上年度营业利润总额 |
| 解释变量 | Csm | 公司间经营敏感度 | 公司间经营敏感度 |
| | Scsl | 行业内市场势力 | 营业利润边际/主营业务收入 |
| | Zyywlrl | 主营业务利润率 | 企业净利润/企业主营业务收入 |
| | Con1 | 混合主体深入度 | 前十大股东之中非国有股东比例之和 |
| | Con2 | 公司治理制衡度 | 第二大到第十大股东比例之和/第一大股东持股比例 |
| 控制变量 | Debtr | 资产负债率 | 公司负债/总资产 |
| | Sal | 高管薪酬 | 高管前三名薪酬总额 |
| | Board | 董事会规模 | 董事会总人数 |
| | Size | 企业规模 | 期末资产总额的自然对数 |
| | Age | 企业年龄 | 企业成立年限 |

**表 7-2　变量描述性统计**

| 变量 | 观察值 | 均值 | 标准差 | 最小值 | 最大值 |
| --- | --- | --- | --- | --- | --- |
| Roa | 1730 | 3. 629 | 6. 728 | -81. 662 | 28. 528 |
| Rratio | 1730 | 4. 806 | 6. 876 | -79. 631 | 33. 554 |
| Con1 | 1714 | 0. 151 | 0. 106 | 0. 003 | 0. 666 |
| Con2 | 1714 | 0. 331 | 0. 140 | 0. 034 | 0. 811 |
| Csm | 1730 | 1. 151 | 0. 364 | 0. 825 | 2. 077 |
| Scsl | 1709 | 54. 681 | 785. 585 | -1249. 137 | 28156. 210 |
| Zyywlrl | 1730 | 1. 275 | 200. 256 | -7649. 011 | 1813. 035 |
| Sal | 1659 | 0. 579 | 0. 596 | 0 | 8. 709 |
| Board | 1730 | 11 | 4 | 4 | 31 |
| Size | 1730 | 21. 807 | 1. 256 | 18. 162 | 26. 038 |
| Age | 1730 | 15. 388 | 5. 709 | 2. 008 | 35. 450 |
| Debtr | 1730 | 41. 932 | 20. 232 | 1. 740 | 195. 170 |

## 二、实证结果与分析

根据 Hausman 检验结果，该面板模型采用随机效应回归。为了更直观地反映产品市场竞争与混合股权之间的关系，本书按照产品市场竞争变量（Csm）的数值大小，将行业内企业间的竞争关系分为高、中、低三组，以分析不同市场竞争强度下混合股权对企业绩效的边际效应变化趋势。表 7-3 报告了全样本下及不同市场竞争程度的子样本随机效应模型估计结果。

**表 7-3　模型回归结果**

| 因变量 Roa | 随机效应估计 | | | |
|---|---|---|---|---|
| | 全样本 | 低竞争 | 中竞争 | 高竞争 |
| Con1 | 10.4456***<br>(5.201) | 7.3913*<br>(1.883) | 10.3216***<br>(3.351) | 10.5393***<br>(3.349) |
| Csm | 0.4239*<br>(-1.195) | | | |
| Sal | 0.0001***<br>(3.852) | -0.0004<br>(-0.806) | 0.0021**<br>(2.057) | 0.0018**<br>(2.107) |
| Board | -0.1067*<br>(-1.912) | -0.0677<br>(-0.695) | -0.0587<br>(-0.639) | -0.2092**<br>(-2.374) |
| Debtr | -0.1409***<br>(-12.643) | -0.1240***<br>(-5.919) | -0.0958***<br>(-4.910) | -0.1660***<br>(-9.602) |
| Age | -0.2644***<br>(-6.538) | -0.2376**<br>(-2.054) | -0.1313**<br>(-2.149) | -0.1435***<br>(-2.603) |
| Size | 0.6547***<br>(3.137) | 1.1285*<br>(1.961) | 0.3040<br>(0.962) | 1.3729***<br>(4.619) |
| 常数项 | -1.0378<br>(-0.246) | -12.4723<br>(-1.077) | 1.6246<br>(0.257) | -16.9926***<br>(-2.844) |
| 样本量 | 1659 | 569 | 313 | 777 |
| $R^2$ | 0.1666 | 0.1035 | 0.1490 | 0.2078 |

注：括号内为 t 值；*、** 和 *** 分别表示估计量在 10%、5%和 1%的统计水平下显著。

从全样本来看，混合主体深入度（Con1）与企业绩效之间存在显著正相关关系，回归系数在1%的统计水平下显著，这说明股权的混合，即非国有股份的引入能够提高企业绩效。企业在内部治理机制中应不断强化多元化股权的作用，并使非国有股东所有者职能到位，将目标集中于追求企业经济利益。公司间经营敏感度（Csm）与企业绩效之间也呈现正相关关系，且在10%的统计水平下显著，表明产品市场竞争越激烈，企业绩效水平越好。产品市场竞争强度每增加一个单位，企业绩效会随之提高0.424个单位，该结果支持了本书的研究H1。证明了产品市场竞争是一种有效的公司外部治理机制，能够起到为股东传递市场和行业信息的作用，提高企业经营决策的灵活性，促进企业绩效的提升。

在控制变量中，董事会规模的估计系数显著为负，说明董事会规模如果过大，反而会损害企业的利益，可能出现沟通不畅、“治理尴尬”等问题，造成董事会治理失效。资产负债率的回归系数在1%的统计水平下显著为负，一方面，可能与高端装备制造企业的体制环境有关，长期的预算软约束推高资本负债率；另一方面，高端装备制造企业研发周期长、投入大，资金周转速度慢，过度负债不利于企业的流动性，容易带来更高的经营风险，不利于企业经营稳定，应尽快提高盈利能力和资金周转速度，在负债和经营水平间找到最优平衡。企业规模变量系数为正，这可能与高端装备制造企业本身高投入的行业特征有关，有利于实现规模效应。

从分样本的回归结果看，随着产品市场竞争强度的提高，我们发现混合股权结构对企业绩效的正边际效应也在逐渐增强。按照竞争强度不断增强的低竞争、中竞争和高竞争三组样本，混合股权对企业绩效的边际效应为7.39→10.32→10.54，两种机制的互补效应显著。这说明，在国有企业混合所有制改革的实践进程中，股权结构这种内部治理机制和外部治理机制产品市场竞争存在显著的互补关系，同时对企业治理发挥作用且相互补充。

## 三、稳健性检验

### （一）替换被解释变量

选择销售利润增长率（Rrratio）作为企业绩效的代理变量，根据Hausman检验结果选择随机效应模型进行估计。仍然按照产品市场竞争强度分组，

表7-4中报告了全样本和分样本的回归结果。结果显示，混合股权与企业绩效、产品市场竞争与企业绩效的正相关关系依然显著。分组回归结果中，按照产品市场竞争程度由低到高的顺序，混合主体深入度（Con1）对企业绩效影响的边际效应依次增强6.32→9.43→9.63，再次印证了混合股权与产品市场竞争之间的互补关系。

**表7-4　稳健性检验一的回归结果**

| 因变量<br>Rratio | (1)<br>全样本 | (2)<br>低竞争 | (3)<br>中竞争 | (4)<br>高竞争 |
|---|---|---|---|---|
| Con1 | 10.0304***<br>(4.683) | 6.3213***<br>(2.606) | 9.4279***<br>(2.813) | 9.6371***<br>(2.969) |
| Csm | 0.5129*<br>(-1.383) | | | |
| Sal | 0.0002***<br>(4.181) | 0.0012*<br>(1.788) | 0.0005*<br>(1.877) | 0.0022**<br>(2.407) |
| Board | -0.1376**<br>(-2.325) | -0.0919<br>(-1.280) | -0.0644<br>(-0.658) | -0.2418***<br>(-2.603) |
| Debtr | -0.1069***<br>(-9.050) | -0.1060***<br>(-7.100) | -0.0723***<br>(-3.482) | -0.1288***<br>(-7.089) |
| Age | -0.2839***<br>(-6.554) | -0.0752<br>(-1.466) | -0.1504**<br>(-2.311) | -0.1529***<br>(-2.632) |
| Size | 0.4710**<br>(2.111) | 0.3327<br>(1.257) | 0.2201<br>(0.654) | 1.1340***<br>(3.618) |
| 常数项 | 3.4745<br>(0.769) | 2.6752<br>(0.500) | 4.1772<br>(0.621) | -11.6159*<br>(-1.844) |
| 样本量 | 1659 | 569 | 313 | 777 |
| $R^2$ | 0.1495 | 0.0576 | 0.3826 | 0.2117 |

注：括号内为t值；*、**和***分别表示估计量在10%、5%和1%的统计水平下显著。

### （二）采用其他方法衡量产品市场竞争

选择主营业务利润率（Ywlr），行业内市场势力（Scsl）作为产品市场竞争的代理变量，保持其他解释变量和控制变量不变，选择固定效应模型进行估计。估计结果见表7-5中的列（1）和列（2）。同样地，可以验证另一个被解释变量销售利润增长率（Rrratio）与两个产品市场竞争代理变量的关系，估计结果见表7-5中的列（3）和列（4）。选择公司治理制衡度（Con2）作为股权结构的代理变量，然后分别与产品市场竞争的三个代理变量进行回归，验证产品市场竞争和股权结构关系的稳健性，结果见表7-5中的列（5）至列（7）。

**表7-5 稳健性检验二的回归结果**

| 列序号<br>因变量 | (1)<br>Roa | (2)<br>Roa | (3)<br>Rratio | (4)<br>Rratio | (5)<br>Roa | (6)<br>Roa | (7)<br>Roa |
|---|---|---|---|---|---|---|---|
| Con1 | 10.4886 ***<br>(5.199) | 7.8875 ***<br>(2.621) | 10.0924 ***<br>(4.688) | 10.1643 ***<br>(4.722) | | | |
| Con2 | | | | | 6.4218 ***<br>(4.184) | 6.4759 ***<br>(4.197) | 6.4366 ***<br>(4.172) |
| zyywlrl | 0.0012 *<br>(1.725) | | 0.0012 *<br>(1.663) | | | | 0.0012 *<br>(1.742) |
| Scsl | | 0.0004 **<br>(2.046) | | 0.0004 *<br>(1.845) | | 0.0003 *<br>(1.847) | |
| Csm | | | | | −0.4458<br>(−1.254) | | |
| Sal | 0.0000 ***<br>(3.804) | 0.0000 ***<br>(3.960) | 0.0000 ***<br>(4.135) | 0.0000 ***<br>(4.293) | 0.0000 ***<br>(3.834) | 0.0000 ***<br>(3.945) | 0.0000 ***<br>(3.786) |
| Board | −0.1029 *<br>(−1.839) | −0.1955 ***<br>(−2.768) | −0.1335 **<br>(−2.248) | −0.1424 **<br>(−2.394) | −0.1074 *<br>(−1.917) | −0.1118 **<br>(−1.988) | −0.1033 *<br>(−1.839) |
| Debtr | −0.1406 ***<br>(−12.578) | −0.1262 ***<br>(−8.961) | −0.1064 ***<br>(−8.982) | −0.1071 ***<br>(−9.040) | −0.1400 ***<br>(−12.523) | −0.1403 ***<br>(−12.514) | −0.1396 ***<br>(−12.456) |
| Age | −0.2695 ***<br>(−6.631) | −0.8590 ***<br>(−11.174) | −0.2903 ***<br>(−6.662) | −0.2943 ***<br>(−6.757) | −0.2788 ***<br>(−6.909) | −0.2883 ***<br>(−7.113) | −0.2843 ***<br>(−7.014) |
| Size | 0.6427 ***<br>(3.062) | 2.3707 ***<br>(6.015) | 0.4581 **<br>(2.039) | 0.4644 **<br>(2.068) | 0.6670 ***<br>(3.183) | 0.6605 ***<br>(3.133) | 0.6542 ***<br>(3.104) |
| 常数项 | −1.2404<br>(−0.292) | −29.417 ***<br>(−3.722) | 3.1980<br>(0.704) | 3.1936<br>(0.703) | −1.6207<br>(−0.382) | −1.8336<br>(−0.430) | −1.8253<br>(−0.428) |
| 样本量 | 1659 | 1659 | 1659 | 1659 | 1659 | 1659 | 1659 |
| $R^2$ | 0.2835 | 0.0496 | 0.3048 | 0.3051 | 0.2771 | 0.2851 | 0.2847 |

注：括号内为t值；*、**和***分别表示估计量在10%、5%和1%的统计水平下显著。

综上，通过替换被解释变量、替换解释变量、分组回归等一系列检验后，所得结论没有发生显著变化，依然稳健，这充分证明了产品市场竞争和混合股权在提高企业绩效方面是存在互补效应的。

# 第三节　激励机制在产品市场竞争与企业绩效关系中的调节作用

## 一、基于生产函数的实证模型

为验证 H3 至 H5，需要将产品市场竞争、激励机制和企业绩效三者之间的关系综合在一个分析框架下。基于企业生产理论、公司治理理论和激励理论，本书在 Nickelll（1996）的绩效决定模型的基础上，建立了一个基于生产函数的实证模型。

设企业 i 在 t 年的生产函数为：

$$Y_{it} = A_{it} \cdot L_{it}^{\alpha} \cdot K_{it}^{\beta} \tag{7-5}$$

对式（7-5）两边分别取对数，可得：

$$y_{it} = \alpha l_{it} + \beta k_{it} + a_{it} + \varepsilon_{it} \tag{7-6}$$

其中，$y_{it} = \ln Y_{it}$，$l_{it} = \ln L_{it}$，$k_{it} = \ln K_{it}$，$a_{it} = \ln A_{it}$，$\varepsilon_{it}$ 为产出的随机波动项。

为得到产出增长率模型，我们对式（7-6）进行一阶差分，得：

$$\Delta y_{it} = \alpha \Delta l_{it} + \beta \Delta k_{it} + \Delta a_{it} + \Delta \varepsilon_{it} \tag{7-7}$$

这样，$\Delta y_{it}$、$\Delta l_{it}$、$\Delta k_{it}$、$\Delta a_{it}$分别表示企业 i 在 t 年的产出增长率、劳动要素投入增长率、资本要素投入增长率以及全要素生产率增长率。

在全社会技术水平不变的前提下，产品市场竞争程度和对企业高管层的激励都将影响企业的生产率，这样，生产率增长 $\Delta a_{it}$可以表示为：

$$\Delta a_{it} = \gamma_1 com_{it} + \gamma_2 moti_{it} + \gamma_3 (com_{it} \times moti_{it}) \tag{7-8}$$

其中，$com_{it}$表示企业 i 所在的市场竞争强度，$moti_{it}$表示企业 i 的管理层激励，（$com_{it} \times moti_{it}$）表示产品市场竞争与激励机制之间的交互作用。

将式（7-8）代入式（7-7），可得：

$$\Delta y_{it}=\gamma_1 com_{it}+\gamma_2 moti_{it}+\gamma_3(com_{it}\times moti_{it})+\alpha\Delta l_{it}+\beta\Delta k_{it}+\Delta\varepsilon_{it} \quad (7-9)$$

模型（7-9）将竞争、激励和产出变量统一在一起，从而我们可以应用这个模型来分析产品市场竞争、激励机制与企业绩效之间的相互关系。

进一步地，现代企业的激励方式有薪酬激励（Sal）、股权激励（Mshare）和任期激励（Etenure）三种形式，为了考察每一种激励机制的具体作用，可以分别建立模型（7-10）至模型（7-12）：

$$\Delta y_{it}=\gamma_1 com_{it}+\gamma_2 sal_{it}+\gamma_3(com_{it}\times sal_{it})+\alpha\Delta l_{it}+\beta\Delta k_{it}+\Delta\varepsilon_{it} \quad (7-10)$$

$$\Delta y_{it}=\gamma_1 com_{it}+\gamma_2 mshare+\gamma_3(com_{it}\times mshare_{it})+\alpha\Delta l_{it}+\beta\Delta k_{it}+\Delta\varepsilon_{it} \quad (7-11)$$

$$\Delta y_{it}=\gamma_1 com_{it}+\gamma_2 etenure_{it}+\gamma_3(com_{it}\times etenure_{it})+\alpha\Delta l_{it}+\beta\Delta k_{it}+\Delta\varepsilon_{it} \quad (7-12)$$

在上述模型中，因变量为产出增长率，以此作为衡量企业绩效的指标，更能真实地反映企业因市场竞争变化带来的整体绩效水平的变化，也能够比较灵敏地反映对管理层激励的变化给企业绩效带来的动态影响。

## 二、研究设计

### （一）数据来源

选择高端装备制造企业上市公司 2010~2018 年的数据，筛选得到 233 家混合所有制企业，1730 个非平衡面板数据。管理层激励相关数据来源于国泰安（CSMAR）数据库，其他数据来自锐思数据库，变量统计及模型的回归分析检验均使用 Stata 15.0 完成。

### （二）变量说明

具体变量符号及说明见表 7-6。

表 7-6　变量符号及说明

| 变量类型 | 符号 | 变量名称 | 说明 |
|---|---|---|---|
| 被解释变量 | Y | 企业绩效 | 企业产出增长率，以主营业务收入的对数增长率表示 |
| 解释变量 | Csm | 产品市场竞争 | 公司间经营策略敏感度 |
| | Labor | 劳动投入 | 企业当年员工数 |
| | Capital | 资本投入 | 固定资产净值 |
| 调节变量 | Sal | 薪酬激励 | 高管前三名薪酬总额 |
| | Mshare | 股权激励 | 高管持股比例 |
| | Etenure | 预期任期 | 任期维度和年龄维度的任职预期 |
| 控制变量 | Con | 股权结构 | 前五大股东持股比例平方和 |
| | Profit | 盈利能力 | 留存收益/资产总额 |
| | Growth | 公司成长性 | 息税前利润/资产总额 |

因变量为企业绩效（Y）。选取生产率作为企业绩效的代理变量能够更直观地反映产出增长率为企业绩效带来的动态变化，以营业收入的对数增长率衡量。

解释变量为产品市场竞争（Com）。仍然选用公司间经营策略敏感度指标（Csm）。同时，根据模型（7-9）的含义，同时选用主营业务利润率和行业间市场势力作为产品市场竞争的辅助指标。劳动要素（L）和资本要素（K）投入分别用企业当年员工数和固定资产净值衡量。

调节变量为薪酬激励，企业薪酬最高的前三名高管薪酬总和，以百万元为单位计算。股权激励，即当年高管持股数量在公司总股份中的占比。任期激励，借鉴 Antia 等（2010）、杨瑞平等（2018）的做法，综合考虑总经理的年龄和任职年限衡量预期任期（Etenure），具体计算方法如下：

$$etenure_{it} = (etenure_{industry,\ t} - etenure_{it}) + (age_{industry,\ t} - age_{it}) \tag{7-13}$$

其中，$(etenure_{industry,t} - etenure_{it})$ 为任期维度上总经理的预期任期，以企业 i 所属行业的所有管理者在 t 年的平均任职年限与企业 i 总经理在 t 年的任职年限之差表示。

$(age_{industry,t} - age_{it})$ 为总经理在年龄维度上的预期任期，以企业 i 所属行业的所有管理者截至 t 年的平均年龄与企业 i 总经理在 t 年的年龄之差表示。任期和年龄两部分之和即为预期任期。

其他变量是根据主流文献做法，选用股权结构（Con）、盈利能力（Profit）、公司成长性（Growth）等企业特征作为控制变量。

## 三、实证结果与分析

表 7-7 是各变量的描述性统计结果。表明企业绩效的产出变量（Y）最大值为 12.262，最小值为-10.635，标准差为 1.102，说明样本企业整体产出水平差异明显，样本选择涵盖了生产率不同的企业。公司间经营策略敏感度（Csm）均值为 1.151，中位数为 1.031，整体水平高于傅传锐（2014）测算的 A 股上市公司（金融保险类除外）2010~2012 年的公司经营策略敏感度，均值水平为 0.784，中位数为 0.893，这说明高端装备制造企业整体的市场竞争水平较高。高管薪酬最小值为 0，说明存在零薪酬高管。高管持股比例均值为 0.039，最小值为 0，中位数也为 0，较低的持股比例可能与股权激励制度刚起步有关。预期任期变量均值为-0.128，根据变量定义，说明大多数总经理的任职年限和年龄均超过行业平均水平。劳动要素投入均值为 6.053，以千人为单位计算，说明高端装备制造是一个智力密集型行业。资本投入均值为 305.550，最大值为 16175.400，单位为百万元，说明高端装备制造业同时也是高资本投入行业。

表 7-7 变量描述性统计

| 变量 | 观察值 | 均值 | 标准差 | 最小值 | 中位数 | 最大值 |
|---|---|---|---|---|---|---|
| Y | 1730 | 0.031 | 1.102 | -10.635 | 0.061 | 12.262 |
| Csm | 1730 | 1.151 | 0.364 | 0.825 | 1.031 | 2.077 |
| Sal | 1659 | 0.579 | 0.596 | 0.000 | 0.449 | 8.709 |
| Mshare | 1730 | 0.039 | 0.093 | 0.000 | 0.000 | 0.676 |
| Etenure | 1659 | -0.128 | 7.311 | -24.092 | -0.378 | 22.464 |
| Labor | 1730 | 6.053 | 15.407 | 0.018 | 1.868 | 186.963 |
| Capital | 1730 | 305.550 | 992.571 | 0.003 | 63.928 | 16175.400 |
| Con | 1730 | 0.151 | 0.106 | 0.003 | 0.121 | 0.666 |
| Growth | 1724 | 204.655 | 5520.878 | -1.000 | 0.568 | 825.262 |
| Profit | 1730 | 3.629 | 6.728 | -81.662 | 3.622 | 28.528 |

为了验证 H3 至 H5，考察三种激励机制的调节作用，对模型（7-10）至模型（7-12）进行回归分析，结果如表 7-8 所示。

从回归结果来看，激励机制在产品市场竞争和企业绩效之间的调节效应显著，三种机制与竞争的交互项回归系数都在不同程度的统计水平下显著，验证了本书的假设。

薪酬激励与产品市场竞争的交叉项系数在 5%的统计水平下显著为负，这说明降低高管层的货币薪酬水平时，能够使产品市场竞争对企业生产率的正向作用增强 15%。

股权激励与产品市场竞争的交互项系数出现显著为负的结果，说明股权激励减弱了产品市场竞争对企业绩效的正向作用，这与研究假设不符。可能的原因是样本中股权激励的水平整体较低，一部分样本企业的高管持股比例为 0；现有高管持有的股权可能更多地偏向于福利型，比如对历史贡献的奖励或者对历史激励不足的弥补，福利型股权使管理者厌恶风险，降低努力程度，对产品市场竞争与企业绩效产生了反向调节作用。这也说明刺激型股权这种长期的激励机制尚未在高端装备制造企业中广泛实施。

总经理的预期任期与竞争的交互项系数为正，且在 1%的统计水平下显著，验证了 H5。这意味着总经理的预期任期越长，越能够对企业绩效起到更加积极的影响，说明年轻化、稳定的管理者更能够带领企业在市场竞争中获胜。

**表 7-8　激励机制调节效应的回归结果**

| 因变量：Y | 模型（7-10） | 模型（7-11） | 模型（7-12） |
|---|---|---|---|
| Csm | 0. 1446<br>（1. 385） | 0. 0052 *<br>（0. 067） | -0. 0001 ***<br>（-3. 144） |
| Sal | 0. 3741 ***<br>（2. 620） | | |
| Sal×csm | -0. 2945 **<br>（-2. 529） | | |
| Mshare | | 1. 3669<br>（1. 395） | |
| Ms×csm | | -1. 2656 *<br>（-1. 668） | |

续表

| 因变量：Y | 模型（7-10） | 模型（7-11） | 模型（7-12） |
|---|---|---|---|
| Etenure | | | -0.0052<br>(-0.968) |
| Etenures×csm | | | 0.0021***<br>(3.346) |
| Capital | 0.0003***<br>(3.285) | 0.0003***<br>(3.799) | 0.0003***<br>(3.247) |
| Labor | 0.0050***<br>(2.612) | 0.0045**<br>(2.526) | 0.0052***<br>(2.708) |
| Profit | 0.0193***<br>(3.881) | 0.0183***<br>(3.741) | 0.0197***<br>(3.968) |
| Growth | 0.0001***<br>(16.410) | 0.0001***<br>(16.792) | 0.0001***<br>(15.468) |
| 常数项 | -0.3631***<br>(-2.808) | -0.2274*<br>(-1.722) | -0.1645***<br>(-3.988) |
| 样本量 | 1653 | 1724 | 1653 |
| $R^2$ | 0.1890 | 0.1865 | 0.1956 |
| $R^2$_a | 0.0559 | 0.0586 | 0.0635 |

注：括号内为 t 值；*、** 和 *** 分别表示估计量在 10%、5%和 1%的统计水平下显著。

## 四、稳健性检验

为验证结论的可靠性，本书拟从以下几个方面进行稳健性检验。

（1）高管天价薪酬是伴随我国市场改革和国企改革出现的制度问题，凸显出企业治理结构和收入分配等方面的问题。2009 年人力资源等六部委发布央企高管“限薪令”，作为控制高管薪酬的制度安排，各地和各类企业都在不同程度上对高管薪酬做出调整安排。考虑到政策实施效果的滞后性，我们剔除 2010 年度样本数据以排除事件对回归结果的影响，对模型（7-10）进行重新估计，为了方便对比，同时报告了固定效应和随机效应的回归结果（见表 7-9）。各变量的系数符号及显著性水平都没有出现重大变化，通过稳健性检验。

表 7-9　稳健性检验（一）的回归结果

| 变量 | 固定效应 | 随机效应 |
|---|---|---|
| Csm | 0. 154<br>(1. 462) | 0. 163 *<br>(1. 673) |
| Sal | 0. 340 **<br>(2. 350) | 0. 408 ***<br>(3. 156) |
| Sal×csm | −0. 280 **<br>(−2. 374) | −0. 319 ***<br>(−2. 968) |
| Capital | 0. 001 ***<br>(5. 013) | 0. 000 *<br>(1. 667) |
| Labor | 0. 005 **<br>(2. 521) | 0. 005 ***<br>(2. 703) |
| Roa | 0. 018 ***<br>(3. 388) | 0. 019 ***<br>(4. 965) |
| Growth | 0. 000 ***<br>(15. 780) | 0. 000 ***<br>(17. 400) |
| 常数项 | −0. 439 ***<br>(−3. 326) | −0. 320 ***<br>(−2. 678) |
| 样本量 | 1541 | 1541 |
| $R^2$ | 0. 059 | 0. 202 |

注：括号内为 t 值；*、** 和 *** 分别表示估计量在 10%、5%和 1%的统计水平下显著。

（2）高管薪酬与股权激励可能与公司绩效之间存在内生性关系，由此，我们将模型中的薪酬激励和股权激励变量滞后一期处理作为薪酬激励和股权激励的工具变量，然后应用面板数据工具变量法（2SLS）对模型（7−10）和模型（7−11）进行重新估计，回归结果见表 7−10。

（3）改变对预期任期的衡量方式。式（7−13）中行业年龄和任职年限的均值容易受到极端值影响，将均值改为中位数，重新计算预期任期进行稳健性检验。替换预期任期变量后，重新估计模型（7−12），结果见表7−10。

**表 7-10 稳健性检验（二）和（三）的回归结果**

| 因变量：Y | 模型（7-10） | 模型（7-11） | 模型（7-12） |
|---|---|---|---|
| Csm | 0. 2701<br>(0. 481) | 0. 0382 *<br>(0. 367) | 0. 0001 *<br>(1. 655) |
| Sal | 0. 6303 *<br>(0. 576) | | |
| Sal×csm | -0. 4914 **<br>(-0. 577) | | |
| Ms | | 1. 4384 *<br>(1. 518) | |
| Ms×csm | | -0. 8939<br>(-1. 481) | |
| Etenure | | | -0. 0026<br>(-0. 461) |
| Etenure×c | | | 0. 0001 ***<br>(3. 495) |
| Capital | 0. 0000<br>(1. 109) | 0. 0001 **<br>(1. 970) | 0. 0003 ***<br>(3. 164) |
| Labor | 0. 0049 **<br>(2. 517) | 0. 0048 **<br>(2. 524) | 0. 0052 ***<br>(2. 716) |
| Roa | 0. 0200 ***<br>(4. 822) | 0. 0194 ***<br>(4. 778) | 0. 0001 ***<br>(15. 463) |
| Growth | 0. 0001 ***<br>(16. 705) | 0. 0001 ***<br>(17. 224) | 0. 0197 ***<br>(3. 959) |
| 常数项 | -0. 4529<br>(-0. 640) | -0. 1533<br>(-1. 178) | -0. 1624 ***<br>(-3. 932) |
| 样本量 | 1426 | 1497 | 1653 |
| $R^2$ | 0. 1860 | 0. 1836 | 0. 1958 |
| $R^2$_a | 0. 1820 | 0. 1797 | 0. 0637 |

注：括号内为 t 值；*、** 和 *** 分别表示估计量在 10%、5%和 1%的统计水平下显著。

综上，在排除“限薪令”事件干扰、更换估计方法和替换解释变量等一系列稳健性检验后，模型的回归系数方向与显著性水平均发生重大影响，

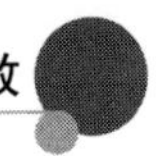

说明三种激励机制在产品市场竞争和企业绩效中的调节作用是稳健的。

## 第四节　竞争与内部治理机制的治理效应

产品市场竞争是最重要的一种外部治理机制，它对企业绩效的影响以及与内部治理机制的交互关系主要是通过激励机制、信号传递机制和监督惩罚机制实现的。

产品市场竞争本身就可以看作是一种自然的激励筛选机制，减少了信息不对称和委托代理问题，使激励机制变得更加敏感，促进了公司治理的有效性。产品市场竞争越激烈，经理人的努力程度越容易通过衡量企业绩效来识别，同时经理人市场的声誉机制也能更好地发挥作用，减少了委托人与代理人之间的信息不对称。在这种激励筛选机制下，通过更有效的绩效评价和经理声誉又进一步增强了产品市场的信息传递作用，向管理层施加压力，产品市场竞争监督惩罚机制发挥作用，减少经理偷懒的"垄断租"，降低代理成本，从而实现企业价值。

产品市场竞争与混合股权的互补关系主要是通过信息传递完成的。从混合所有制企业的微观层面出发，混合股权的本质就是股权多元化，并通过调整国有股与非国有股之间的配比形成有效的制衡关系。产品市场竞争的信息传递机制保证了信息披露的质量，推动企业股权结构多元化和股权制衡度的优化，强化了混合股权对企业绩效提升的作用。

激励机制作为一种内部治理机制调节着产品市场竞争对企业绩效的作用。合理的激励机制选择能够强化竞争与企业绩效的利益趋同效果。产品市场竞争为股东提供了准确评价管理层能力和努力程度的信息，从而放大了激励机制刺激管理层努力工作的作用。从长远的企业价值提升角度来看，发挥股权激励的"金手铐"效应，增强员工的归属感与安全感，起到留住员工和激励员工的双重效果。大胆任用年轻的经理人，使其形成长期稳定的任期预期，在业绩导向和声誉刺激效应下，提升激励机制所发挥的治理效应。

## 第五节　本章小结

本章基于高端装备制造混合所有制企业 2010~2018 年数据，探讨了产品市场竞争与企业内部治理机制的交互关系，验证了竞争和产权相互影响的机制，考察了不同的激励机制对产品市场竞争和企业绩效的调节效应，研究发现：产品市场竞争和混合股权结构都能够起到显著提升企业绩效的作用，且两种机制对公司的治理效应相互促进，存在显著的互补关系，证明了公司内外部治理机制的交互作用。进一步地，激励机制对于外部治理机制治理效应的发挥起到显著的调节作用。

产品市场竞争能够显著提高企业绩效，外部治理机制对提高企业价值有积极影响。因此，在现阶段的混合所有制改革进程中，企业的主要任务应从健全法人治理结构、完善内部治理转到内外部治理兼顾上来。

在混合所有制企业中，产品市场竞争这种典型的外部治理机制需要通过内部治理机制发挥作用。混合股权配置能够对企业绩效起到正向调节作用，产品市场竞争能够强化股权的治理效应。深化国有企业产权改革和完善产品市场竞争在提高企业绩效方面同等重要。

激励机制会影响产品市场竞争对企业绩效的治理效应。设计良好的激励机制会强化产品市场竞争对企业绩效的影响效果。在薪酬激励、股权激励和任期激励三种方式中，股权激励和任期激励这两种长期激励形式更能够发挥激励机制的“金手铐”效应和声誉刺激效应，因而对产品市场竞争与企业绩效的调节作用更明显。

# 第八章
# 东北地区高端装备制造企业混合所有制改革的政策建议

本章应用理论研究与实证研究得出的结论，明确改革目标，对东北国有高端装备制造企业的混合所有制改革提出具体实施建议和政策建议。

## 第一节　国有高端装备制造企业混合所有制改革目标

### 一、引入市场机制

国有高端装备制造企业处于竞争性领域，具备通过混合所有制改革成为完全市场化主体的充分条件。国企之所以要混改，是因为国企缺乏法人治理结构运作，委托代理层级过多，严重影响国有企业的运营效率。与之相对的民营企业则利用完善的公司治理机制在市场竞争环境中“野蛮生长”，在风险把控和市场运营理解方面形成独特的竞争优势，所以借助民营企业的力量来推动国有企业真正走向市场化，这是混合所有制改革的初衷。国有企业通过依法合规操作，按照市场定价机制科学评估资产价值，引进非国有股东，完成产权改革并实现所有制到位，建立市场竞争下的资本硬约束机制。混合所有制改革帮助企业从产权变革到深入公司治理机制改革再到经营机制的全面变革，使企业成为真正的市场主体，市场经营能力和竞争力有所提升。

公司治理是国有企业进行混合所有制改革的目标，是改革取得实质性成功的标志，同时是国有企业真正转向市场化经营机制的基础。公司治理机制包括股权结构、董事会治理以及高管的激励机制等内部治理机制和法律法规、控制权市场、经理人市场以及产品市场竞争等外部治理机制两部分。混合所有制改革是能够将两者结合起来完善公司治理结构、保证公司治理机制有效运作的主要途径。混合所有制改革通过公司治理机制的中介作用，为国有企业和其他所有制企业提供了公平、公正、透明的竞争性外部环境，保证多元化经济主体平等地参与社会主义市场经济活动，并享有多元化的经济利益。公平的市场竞争机制、完善的产品竞争市场秩序是企业参与市场活动、实现企业价值的基础。通过改革的不断深入，形成高效的市场化经营机制；相反地，市场竞争机制又进一步促进了国有企业完善公司内部治理结构，改善经营管理，使企业活力不断增强，经济效率得到提升。

## 二、提升资本回报率

资本回报率提升是国有企业市场化后的必然追求，是从资本层面丰富和完整了企业的市场化特征。资本逐利的根本属性就是国有企业通过混合所有制改革在市场竞争中盈利的根本动力。混合所有制改革的核心效率体现为资本回报率，改革成功的一个关键标志是将国有资本的投资效率改到至少和其他资本一样高。混合所有制改革的本质是产权改革，通过引入不同类型的非公有制资本，吸收民营企业在市场自由竞争中形成的体制优势，以效率为导向帮助国有企业改善企业绩效。经过多年的国企改革实践和资本市场的不断完善，混合所有制改革有多样化的实现形式，比如改制重组、引入战略投资者、整体上市等，能够发挥混合所有制改革的产业协同效应，在资源配置方面实现互补，有效盘活国有资产，增强企业盈利能力。国有企业混合所有制改革，是不断完善现代企业制度的过程，是不断提高企业管理水平的过程，也是不断寻找提升企业绩效的路径、实现企业健康可持续发展的过程。产权改革使资本在企业内部或不同企业之间以股权和债务形式适度转换，从而实现了资本的更有效配置。资本的流动是鞭策企业提升生产运营效率，推动企业转型升级的市场推手。

公平竞争的市场化原则应用于资本市场即“同股同权”，明确了国有股东和非国有股东的平等待遇和权利义务关系，实现所有者到位；改国有资本软约束为资本硬约束机制，提高国有资本运行效率和配置效率。随着混合所有制改革的不断深入，公司治理机制的完善，资本配置效率也将不断

提高。国务院国资委等多部门鼓励企业运用重组、市场化债转股等降杠杆措施，并且推动相关实施主体真正参与到企业的公司治理中，提升企业公司治理水平的同时将混合所有制改革进一步推进。将混合所有制改革与调杠杆联系起来，能够降低资产负债比率，是国有企业改革的良机；通过改善公司治理，提高资本配置效率，将防风险和促改革联系起来，提高资本市场的市场化水平。

## 三、发挥企业家精神

充分激发企业家精神是东北地区国有企业高质量发展的关键[①]。激发企业家精神，同样需要改革松绑除障[②]。随着混合所有制改革的深入，市场环境越来越公平，激发企业家精神的土壤正在形成。

企业家精神是推动企业创新、转变经济增长方式的中坚力量，被称为“经济增长的国王”。任正非、马云等企业家以自身的企业家精神领导着各自的企业，营造了积极良好的创新氛围，形成激励创新、同心创益的企业文化，不断提升企业的生产效率和创新效率，推动企业价值的实现。在企业层面，企业家精神直接影响了企业决策层的主要意志，对企业发展方向选择、战略决策等产生重大影响，最终会反映在企业资本市场的价值上。企业家精神可以具体表现为战略决策精神、创新创业精神和经营精神，对企业的成长期和成熟期发挥显著的作用；但是对于存在公司内部治理问题和外部市场环境问题的企业，企业家精神的发挥将受到阻碍[③]。在股权高度集中的国有企业中，因追求政治效益和稳定就业等社会效益的限制而造成控制权残缺，预算软约束又阻碍了硬约束机制的实现，再加上没有完善的激励机制保证企业家精神生产要素的报酬，严重损害了企业家精神的发挥。通过混合所有制改革改善公司内外部治理机制，完善的公司内部治理机制尤其是激励机制能够同时发挥激励因素和保健因素的作用，刺激企业家精神的发挥，竞争性的市场允许企业间存在制度机制的差异，为企业家发掘市场机会，通过开发新产品、新市场以形成企业竞争优势方面提供了企业

---

① 王世权，陈祥义．多管齐下激发企业家精神［N］．人民日报，2019-08-20.

② 郑东华．深化国有企业改革的关键一招［N］．学习时报，2018-12-28（002）.

③ 宋玉禄，陈欣．新时代企业家精神与企业价值——基于战略决策和创新效率提升视角［J/OL］．华东经济管理，［2020-03-25］．https：//doi.org/10.19629/j.cnki.34-1014/f.191219004.

家精神发挥的空间。

### 四、推动企业创新发展

混合所有制改革是提高企业创新能力的一条有效途径。一些学者的实证研究肯定了混合所有制改革对企业创新的促进作用，尤其在研发效率提升方面效果显著，而且混合程度越高的企业，对技术创新的正向调节作用越明显。混合所有制改革能够使国有企业增加创新投入，促进企业创新活动；并且国有企业的创新效率经过混合所有制改革后能够得到显著提升，且高于外资企业、民营企业和港澳台企业。国有企业曾在长期“跟进模仿策略”下形成路径依赖，核心技术受制于人，缺乏创新动力，投资不足，导致创新效益低下。据粗略统计，国有企业每一亿元研发支出所获得的有效发明专利数仅为民营企业的41%，是外资企业的68%。不同所有制企业中，国有企业的研发投入、研发产出及创新能力相对较弱。国有企业要培育创新动力、提升创新能力，需要从制度创新和技术创新两个维度进行突破：首先，必须破除一切不利于创新的体制机制安排，进行制度创新。其次，要维持企业的竞争优势，提升企业的国际竞争力，这就需要通过技术创新来提高社会生产力和劳动生产率。混合所有制改革为破解这一难题提供了一条创新路径。混合所有制改革既是社会主义市场经济根本性的制度创新，也是企业创新的关键驱动力。国有企业需要通过混合所有制改革使制度创新和技术创新协同发展，提升企业创新能力和国际竞争力，从而进一步对企业成长产生协同效应。

## 第二节　混合所有制改革方式选择

### 一、开放式改制重组

国有企业改制是指依照国家有关法律法规规定，以及各级政府的有关规定，将国有企业改制为国有独资公司、有限责任公司、股份有限公司和

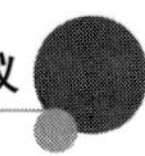

上市公司四种法律形式。其中，国有资本存在的形态有国有控股、国有参股和国有退出三种。以企业的改制范围分类，有整体改制、部分改制、合并改制和分立改制四种模式。国有企业通过改制改变原有的体制和经营方式，是涉及产权制度的改革。2017 年底，军工集团、哈电集团[①]等都是采用整体改制的方式，由全民所有制企业转变为国有独资公司。重组的关键在于不改变所有权性质，主要目标是减轻企业负担，采取包括增资减债、职工分流及职工安置、企业办社会职能分离、不良债务剥离、关闭破产和兼并等措施，帮助企业退出市场，以及解决一些财政贴息、技术改革等问题（张文魁，2015[②]）。长期亏损并扭亏无望的企业常用破产来逃避债务，破产后企业进行重组，这时可能会涉及所有权的转变。国有企业可以通过主动扩张的形式并购非国有企业，实现产权结构和组织结构的优化。这种并购重组实质上是国有资产重新配置的一种混合所有制改革形式，具体有横向、纵向和混合并购重组三种模式[③]。国有企业改制重组应严格遵循《公司法》的要求进行，做好清算资产、财务审计、资产评估、职工安置等改制方案的编制，办理国有产权登记等流程，确保改制方案有效实施。

开放式改制重组是通过业务、资产以及债务等要素的重新组合，以优化企业核心业务和资源配置、提高国有企业竞争力、恢复和提高企业价值为目标和定位，采取资产剥离和债务重组等手段，整合组织架构、资产负债和人员等运营平台以及引进资本运营团队等，为进一步引入战略投资者做好准备[④]。航运系企业长航油运是一家典型的通过业务重组和债务重组恢复企业价值、重建企业核心竞争力直至重新走向资本市场的企业。长航油运通过重组方式焕发了新的活力，为其他高端装备制造企业提供了很好的参考范本，其具体操作流程如图 8-1 所示。高端装备制造业在“走出去”战略和“一带一路”倡议背景下，最有希望以“淘汰落后产能”和“提高行业集中度”为目标进行兼并重组。实现企业间的产能整合、优势互补和

① 2017 年 11 月 21 日，“中国航天科工集团公司”变更为“中国航天科工集团有限公司”，由全民所有制企业整体改制为国有独资公司。2017 年 12 月 19 日哈电集团正式完成了公司制改制，并完成了工商变更登记。改制后，“哈尔滨电气集团公司”正式更名为“哈尔滨电气集团有限公司”，开启公司治理现代化发展新阶段。

② 张文魁．混合所有制的公司治理与公司业绩［M］．北京：清华大学出版社，2015.

③ 王婧．锦江股份国有企业混合所有制改革的绩效分析［D］．江西财经大学硕士学位论文，2017.

④ 施能自，吴芙蓉．新一轮国企改革的思考与操作实务［M］．北京：中国经济出版社，2017.

资源共享等，提高企业在国际市场的竞争力。国有高端装备制造企业通过整合重组，能够改善企业国资布局不合理的问题，盘活国资存量，理顺国资监管体制，切实达到做大国有资本、国有资产保值增值、做强国有企业的改革目标。通过整合重组，加快推进国资从竞争性领域退出，盘活存量资产，合理利用增量资产，处理好改制企业职工安置问题，维护社会和谐稳定，促进企业健康发展。

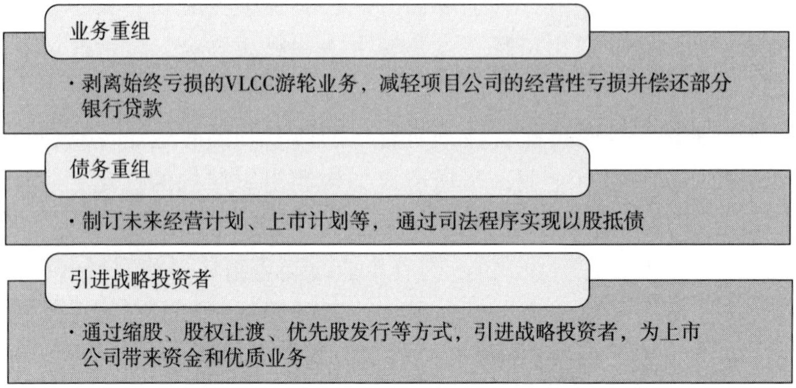

业务重组

· 剥离始终亏损的VLCC游轮业务，减轻项目公司的经营性亏损并偿还部分银行贷款

债务重组

· 制订未来经营计划、上市计划等，通过司法程序实现以股抵债

引进战略投资者

· 通过缩股、股权让渡、优先股发行等方式，引进战略投资者，为上市公司带来资金和优质业务

**图 8-1　长航油运业务和债务重组简图**

## 二、整体上市或核心资产上市

早在 1999 年，我国针对国有企业改革问题提出，凡是能够实行股份制的国有企业都要实行股份制，发展混合所有制经济，而实行股份制的第一个要求就是上市。具备上市条件的国有企业，其市场潜力和发展前景得到了市场的认可。在上市的过程中，企业按市场化要求规范管理，优化企业治理结构，保证企业经营尤其是监管的规范性，为企业长远健康发展奠定制度基础。上市后，国有资本实现相对流动，国有企业获得长期稳定的融资渠道，解决了企业发展的资金问题。在资本市场公开、透明原则的要求下，企业经营由封闭走向开放，接受来自企业内部、社会公众以及竞争对手的监督。

整体上市包括母公司上市或绝大部分资产上市①。拟上市企业的产业链

① 即母公司不上市但是主业资产、核心资产全部上市。

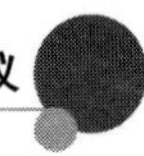

是相对完整的，如果涉及研发设计单位的原则上也要一起进入上市公司，要注意避免母公司与上市公司在上下加工流程之间产生关联交易。整体上市属于企业资产证券化的过程，使企业资产可以在证券市场上进行交易，是混合所有制改革的一种重要方式。

在已经公布的各省份混合所有制改革方案中[①]，在实现投资主体多元化的目标下，基本都选择了推动国企上市的方式，另有半数以上方案中提出了提高国有资本证券化率的目标，例如，黑龙江省力争到2020年国有资本证券化率达到50%以上，浙江、重庆等市场化较高的地区，提出通过3~5年的时间使国有资产证券化率达到75%~80%的目标。鼓励国有企业利用国内外多层次资本市场，实现资产注入、并购重组、整体上市。实践中淮北矿业和淮南矿业是以资产证券化推动整体上市的成功范例。作为国资大省安徽省推进省属企业混合所有制改革的试点企业，淮北矿业通过改革将资产证券化率提升5个百分点至45%，注入资金完成煤电主业资产整体上市，并于2018年10月在上交所正式上市。淮南矿业整体上市工作也在推进过程中，现已确定中国信达[②]增资、入股淮南矿业成为第二大股东，形成安徽国资和中国信达并立的股权结构，这为实现集团层面的股权多元化奠定了基础。公司已经完成人员安置方案、资产清核、财务审计、整体评估等工作，为整体上市做好了准备。

整体上市方式仍应坚持分类改革原则。一般竞争性国有企业应以实现集团整体上市为目标，上市后依据资金需求量，逐步降低国有股比例，增加公众股比例；特定功能性国有企业，比如中石油等能源类、装备类企业在实现核心业务剥离后可计划整体上市。

## 三、员工持股

员工持股是从我国国有企业股份制改造过程中发展而来的一种股权形式，经过20多年的发展，已经成为混合所有制改革中最受关注的一种实现形式。它使劳动者同时又是资本所有者，实现了资本和劳动两种关键要素

---

① 自2015年中共中央、国务院发布《关于深化国有企业改革的指导意见》以来，辽宁、上海、黑龙江、重庆等22省区市陆续公布落实和深化国有企业改革的框架方案。

② 中国信达是经国务院批准成立，具有独立法人资格的国有独资金融资产管理公司。

的有机结合，使员工和企业保持相对一致的利益诉求，共享利润、共担风险，符合 Kelso 基于“双因素理论”① 的制度安排。员工持股除了分享利润和改善福利的经济激励作用之外，更重要的是在企业与员工之间形成了一种新型的产权纽带关系，使国有企业实现了由单一国有资本向多元产权主体的变革。持有公司股份的员工成为企业利益的直接相关者，应该享有企业治理权和与其他股东一起分享企业剩余权益的权利，包括剩余控制权和剩余索取权，这也是解决道德风险问题最为有效的制度安排。这是在产权改革的基础上，对企业组织关系、公司治理结构的重构，赋予员工持股又一重要的社会治理效应。因此，在我国混合所有制改革的背景下，员工持股计划的本质是一种兼具经济激励和完善公司治理与社会治理双重效应的制度安排。

员工持股作为国际通用的长期激励手段②，通常有管理层持股（Management Buy-Out，MBO）和员工持股计划（Employee Stock Ownership Plans，ESOP）两种股权模式。公司股权的持股对象应该是全体员工，包括管理层和普通员工。在我国的实践中，员工持股可能会出现掠夺国有资产，权利股、关系股超比例，内部人控制导致分配不公和效率低下等弊端，被多次叫停。在不断总结历史和借鉴西方各国经验的基础上，我国对员工持股制度进一步进行优化。2016 年 8 月，国务院、国资委联合下发 133 号文件③，明确规定由“骨干员工”以货币或技术成果出资。员工持股对象特定选择能够激发企业活力的核心人才和关乎企业经营绩效的关键人员，即重点面向科研技术人员、业务骨干以及经营管理人员，通过调动他们的积极性来提高企业活力。员工持股的意义在于通过股权激励优化人力资本配置，为企业带来更好的市场表现。但是实证研究表明，员工持股等激励方式对企

① Kelso L. O., Kelso P. H. Two - factor Theory: The Economics of Reality [M]. New York: Vintage books, 1967.

② 美国、西欧都开展过覆盖全体员工和管理层的员工持股，资金一般依赖于信托基金对股票期权进行管理；俄罗斯在私有化改革进程中，将国有企业股份免费分配给国民，但最终多数股份被管理层获得；日本的实践不同于美国和西欧，排斥公司高管参与员工持股，鼓励一般员工以个人工资、储蓄出资。

③ 133 号文件，即《关于国有控股混合所有制企业开展员工持股试点的意见》（国资发改革〔2016〕133 号），是国家关于混合所有制企业员工持股的纲领性文件。在此之后也陆续出台了其他涉及员工持股的政策文件对实践中的具体操作问题进行了细化或补充，但仍以 133 号文件为基础。比如，2017 年 2057 号文件《关于深化混合所有制改革试点若干政策的意见》进一步放开了可以试点员工持股的企业范围。

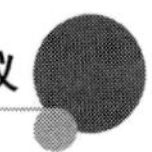

业绩效的促进作用存在拐点，管理层持股在促进企业绩效方面的效果比普通员工持股更好，效果相差大约 4~6 倍，但是要避免管理层的机会主义行为，防止股权激励沦为管理层谋求个人私利的工具。因此，适度运用员工持股等激励方式才能保证激励效应的最大限度发挥。下面本书针对员工持股在改革实践中的应用范围及注意事项进行分析。

国有企业在积极推进混合所有制改革的同时，可重点选择员工持股的实现方式；而特定功能性商业企业，兼具盈利性和社会福利职能，要根据国有企业的功能与定位谨慎选择。关于试点企业规模，主流观点是小规模企业比较适合，规模较大的企业如果试行员工持股，应该限制比例。所以在 133 号文件中特别指出中央二级以上企业及省级国有一级企业，暂不适合开展员工持股试点。但是华为、联想等大规模企业都曾有计划地开展员工持股计划，从集团起步阶段开始实施。因此，大型国有企业开展员工持股可以分步推进，先在下级企业中开展员工持股，然后根据混改的需要再在集团本部推行。所以，本书认为主业处于充分竞争行业的中小规模商业类国有企业，以及大型国有企业的下属企业，特别是科技型企业或研发单位适宜推行员工持股计划。根据 133 号文件要求，拟试点企业还应该满足以下三个条件：第一，股权结构合理，董事会中有非公有资本股东推荐的董事。第二，公司治理结构健全，建立了市场化机制。第三，营业收入和利润 90%以上来源于所在企业集团外部市场，主要是防止内部利益输送，鼓励试点企业充分参与市场竞争。

企业在推行员工持股方案时要注意以下几个问题：第一，员工持股必须坚持“同股同价，现金入股”“立足增量，不碰存量”和“长期导向”三个基本原则。这样能最大限度地避免国有资产流失问题，还有可能实现国有资产增值。建立健全激励约束的长效机制，使参与持股的员工能够长期与企业共享改革成果，而且只有长期坚持才能最大限度发挥该制度的激励和稳定作用，直至最终可能发展到整个集团层面。第二，员工持股试点企业层级不宜过低。133 号文件明确要求“营业收入和利润 90%以上来源于所在企业集团外部市场”的企业才可以实施员工持股，层级越低的企业与外部关联的收入和利润比例会越高。而且，将主体企业下降一个层级，就会多出一层法人层级和一个纳税主体，这样势必导致“母子争利”问题，几层主体都要缴税，母公司净利润下降；而且如果实施员工持股的企业层级过低，股东夹在中间，对上要报批、对下要审核，也不利于激发企业活力，效果和影响力可能不如预期理想。所以，国有企业应该尽量在集团层面实现股权多元化，那么，在混合所有制改革过程中员工持股计划最终的目标应该是可以在企业整体层面实施。第三，注意股权结构合理和保证国有股东的控股地位。员工持股一般向核心经营管理人才、核心技术骨干人才倾斜，为了防止员工持股后被少数人控制，对持股比例的设定要遵守1%和30%的红线①。同时国有股东的持股比例不得低于34%，以保证国有股东的控股地位。在立足增量的原则下开展员工持股计划，可以采用增资扩股和出资新设的方式。第四，保证员工公平合理地入股和退出。混合所有制改革的目标不是单纯地将非公有资本引入国有企业，关键是通过这样的制度安排，使不同所有制性质的资本享有平等的地位，打造公平竞争的市场环境。资本平等，不仅指非公资本与国有资本地位的平等，而且是权利的平等。员工持股的非公资本应该与国有资本按照“同股同权”的原则享有平等的表决权。要依法设计完整的员工入股和退出的机制，既能体现出混合所有制改革的依法推进，也表明混合所有制改革能够带来公司治理机制的变革。

## 四、引入基金进行产权制度改革

近年来，混合所有制改革出现一种以社会资本支持实体经济的创新方式——引入基金进行产权制度改革。通过设立政府引导基金，创新政府的投资方式，提升财政治理能力，以市场化、竞争性方式招募社会资本投资参与国有企业混合所有制改革。政府引导基金的理想模式应该是由政府出资、按市场化方式运作的“母基金”，通过股权或债权的方式吸引金融投资机构、境外投资等各种社会资本，“母基金”主要用于支持企业创业、扶持特定地区和特定产业的发展，是实现产业升级的政策性工具。加快发展政府引导基金，对于加快推进和实施供给侧结构性改革、推动产业迈向价值链中高端、转变政府职能、提升财政治理能力与效率具有重要意义②。我国现有的政府引导基金大致有三类：创业投资引导基金、产业投资引导基金

---

① 133号文件规定：“员工持股总量原则上不高于公司总股本的30%，单一员工持股比例原则上不高于公司总股本的1%。”

② 戴正宗，楼继伟．促进政府引导基金健康发展［N］．中国财经报，2015-12-05.

以及天使投资引导基金。其中，产业投资引导基金主要用于从事企业重组投资、基础设施投资等实业投资。根据本书的研究对象，这类政府引导基金是我们关注的重点，该类基金发展的具体情况见表 8-1。通过产业投资基金的设立，政府能够以有限的财政资金作为杠杆吸引更多的社会资金投资国有企业混合所有制改革或进入新型战略产业，助推优势产业转型升级。

在国外，产业投资基金被称为风险投资或者私募股权投资基金。1998 年起在我国快速发展，但是始终缺乏政府层面的支持政策。2008 年在借鉴美国、澳大利亚等国经验的基础上，开始成立政府引导基金，相当于在风险投资领域解决市场失灵问题的一种创新方式。经营性风险和公共风险由社会资本和政府共同承担，使政府引导基金能够有效地防范财政风险。近年各地政府推出的政府引导基金迅速增多，2012 年仅有 15 个省份建立政府引导基金，承诺出资 400 亿元人民币；截至 2016 年底，新增政府引导基金 442 家，预计募集金额 36000 亿元①。从区域分布上来看，这些基金主要集中在江浙等长三角地区以及福建等东部地区。但像上海，我国经济最发达地区的代表，政府引导基金的投融资功能带来的经济效应并不明显，反而是中西部地区，比如重庆、贵州、湖南、吉林等地区对政府引导基金的依赖更强，近年涌现不少十亿元、百亿元规模的基金。可以预测，未来政府引导基金应该逐渐向中西部地区扩散和聚集。

**表 8-1　我国产业投资引导基金发展情况**

| | 产业投资基金 | |
|---|---|---|
| 特点 | 政府牵头设立，不以盈利为目的，有政策导向性<br>基金为市场化运作，政府对基金运作不进行直接干预<br>发挥财政资金的杠杆效应，引导社会资本流向 | |
| 基金投向 | 新兴产业、重点产业、战略性产业<br>目标：促进产业结构优化，推动产业转型升级 | |
| 国家层面基金 | 2002 年 3 月 | 中国—比利时直接股权投资基金 |
| | 2011 年 7 月 | 国家科技成果转化引导基金 |
| | 2014 年 4 月 | 铁路发展基金 |
| | 2015 年 9 月 | 国家中小企业发展基金 |

① 资料来源：《中国风险投资年鉴》（2017）。

续表

<table>
<tr><td></td><td colspan="2">产业投资基金</td></tr>
<tr><td rowspan="2">地方层面基金</td><td>2015 年 8 月</td><td>吉林省产业投资引导基金</td></tr>
<tr><td>2016 年 6 月</td><td>黑龙江省工业投资基金</td></tr>
</table>

资料来源：笔者整理。

东北地区为了支持高端装备制造业的发展，已经成立了一些代表性的产业投资引导基金。例如，吉林省为做大做强基础优势产业，促进资本、技术、人才、项目等各要素向吉林省集聚，于 2015 年成立吉林省产业投资引导基金，目标规模为 100 亿元人民币。目前该基金已经完成首期募集，运作良好，被评为 2017 年中国政府引导基金 30 强①；2018 年，沈阳市围绕高端智能装备制造业、智能制造、航空等领域拟建 18 只专项基金，计划规模 608 亿元；2016 年，黑龙江省齐齐哈尔华工机床制造有限公司与中国银行签订基金投资协议，设立“政府主导，市场运作”的产业投资基金。华工机床以此合作为契机，拓宽金融渠道，降低企业融资成本，促进黑龙江省传统优势产业转型升级。东北地区未来应该继续加强对政府引导基金的引导和管理，更好地发挥其杠杆效应和乘数效应；发起和引领子基金落地，引导社会资本进入政府着力发展的优势产业和重点领域；根据东北地区的产业优势、国有经济发展情况和特点，可以考虑发展国有企业改革重组基金，发挥国有资本的引导作用。产业引导基金作为一种新型的产业投融资方式，不仅能够有效助推混合所有制改革，而且能够推进东北地区产业结构转型、产业升级创新以及供给侧结构性改革。

## 五、引入战略投资者

20 世纪 80 年代，中东欧国家银行业改革中试行引入境外战略投资者（Foreign Strategic Investor，FSI）并获得改革成功，我国在 1999 年的国企改革中复制该经验，主要采用引入战略投资者的混改方式②。2003 年中国银监

① 资料来源：私募通，https：//www. pedata. cn/RANKING2018/fund_list. html.

② 证监会发布《关于进一步完善股票发行方式的通知》（〔1999〕94 号），将战略投资者定义为“与发行公司业务紧密联系且打算长期持有发行公司股票的法人”。所以，这一轮的战略投资者实际上是指产业投资者。

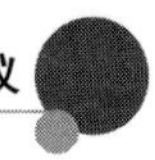

会成立后，我国国有商业银行积极引入境外战略投资者，不仅充实了中资银行的资本，而且确实能够在一定程度上改善我国银行业的经营效率和创新能力。境外战略投资者持股国有银行后，带来先进技术、管理的理念和经验、更加开阔的市场渠道等，对于提高国有银行的公司治理水平、完善公司治理能力、提高企业绩效和竞争力有重大意义①。

新一轮混改实践中的战略投资者包括产业投资者和财务投资者两类。产业投资者一般与企业处于相同行业或者从事具有一定互补性的业务，两者在市场占有率、产业链等方面可以挖掘共同点，共同创造资产增值。产业投资者引入后，会参与企业的日常经营管理，这样被投资企业将在战略规划、业务模式完善、管理水平提升等方面获益，产生协同作用。产业投资者倾向于长期持股，可能出现公司控制权争夺问题，原有大股东也可能面临丧失控股地位的风险。财务投资者主要包括境内外私募股权基金、公募基金及境内的保险和资管公司，帮助企业通过效率的提升创造价值②。财务投资人要求一定的投资收益率，但一般不参与企业的日常经营管理，以提供财务、资本运作方面的建议为主，同业竞争风险较小，3~5 年内可能会以股份转让等方式择机退出。所以，引入战略投资者首先要明确引入哪一类的战略投资者能对国有企业混合所有制改革起到最大的作用。如果选择产业投资者，那么根据企业发展战略规划（多元化发展或者专注主业发展等）是来自于相同行业还是相关行业的。以中国联通为例，从企业公布的拟引入战略投资者的条件和最终确定的 BATJ 等 14 家战略投资者可以看出，中国联通主要是从弥补企业短板出发，结合企业长远发展规划和未来发展趋势，选择在“互联网+”、大数据、云计算等方面具有优势的民营企业作为战略投资者，以期与企业现有业务发生“化学反应”并产生长期发展的协同效应。从高端装备制造领域国有企业改革的需求和行业特点考虑，选择的投资者应满足以下条件：第一，资金实力较充足；第二，能够在战略价值方面向拟混改企业提供支持；第三，认同企业理念，非短期逐利，更愿意中长期持股。因此，选择“产业投资者和积极的财务投资者”组团引入的方式在实际操作中更具可行性，更利于实现混改目标。

---

① Hope N., Hu F. Reforming China's Banking System: How Much Can Foreign Strategic Investment Help? [R]. Working Paper, Stanford Center for International Development, 2006.

② 王悦．混改：资本视角的观察与思考［M］．北京：中信出版社，2019.

混改后战略投资者应该持有多大比例的股份比较合适？这是一个关键问题。持股比例意味着股东对企业的控制权，战略投资者的持股比例不宜过高，这样容易威胁国有资本的地位，尤其是处于关系国民经济安全的关键领域和重要行业的国有企业是比较危险的；然而，为了使战略投资者有足够动力和积极性参与国有企业混合所有制改革，持股比例也不能过小，否则也不利于公司治理结构的优化。王萍等（2018）研究发现，境外战略投资者持股比例为20.16%时，我国上市银行发展质量最佳。从表8-2中我们可以看到，在这些公布混改方案的国有企业中，非上市国有企业的战略投资者持股比例明显高于上市国企，在保证国有资本的相对控股地位的前提下，一般在30%～35%；而上市国企中战略投资者的持股比例一般为10%。

**表8-2　部分国有企业引入战略投资者的持股比例**

| 国有企业 | 改革前持股比例 | 改革后持股比例 |
| --- | --- | --- |
| 中国联通 | 国有资本：非国有资本=53.3%：46.7% | 国有资本：战略投资者：员工持股：公众股东=36.7%：35.2%：2.7%：25.4% |
| 山东交通运输集团有限公司 | 国有独资 | 国有资本：战略投资者：员工持股=37%：33%：30% |
| 中粮资本 | 国有独资 | 国有资本：战略投资者：员工持股=65%：35%：3% |
| 中国石化销售公司 | 中国石化全资子公司 | 国有资本：战略投资者=70.42%：29.58% |
| 物产中大集团 | 上市公司 | 国有资本：战略投资者：员工持股：公众股东=54.53%：6.63%：7%：31.84% |
| 云南白药 | 上市公司 | 国有资本：国有控股资本：战略投资者=45%：45%：10% |

资料来源：正略咨询分析，https：//www.sohu.com/a/242189243_475943.

混合所有制的这几种实现方式经常会放在一起使用，打出“组合拳”。对于长期亏损，面临破产清算的企业，将企业的业务和债务重组，消除亏损源，使企业重新被资本市场接受，同时引入战略投资者。比如，2014年，长航油运因为连续四年亏损，触及退市条款，成为央企退市第一股。自2015年起企业剥离VLCC亏损业务，梳理核心业务进行业务重组；通过司法程序实现以股抵债完成债务重组；重组后，进一步引入战略投资者，为

公司带来资金及优质业务，实现了业绩改善，扭亏为盈，企业有望重新上市。另外，许多省份及地方的改革方案中都提到引入战略投资者，而外部的投资者往往要求企业实施员工持股计划，通过对管理层和核心人才的长期激励，将个人利益和企业利益联系在一起。现有已经落地的混改项目中，中国联通作为一家集团整体混改的试点单位，腾讯、阿里巴巴、百度、京东等战略投资者已经认购了90亿股A股股份。联通公司为了完成对战略投资者"三年盈利改善"的承诺，同时进行了员工持股改革。预计在个人及公司业绩都达标的条件下，五年后将解锁所持股票①。

## 第三节　地方国企推进混改的具体实施建议

本节以航空航天领域地方性国有企业沈飞民机②为例，给出地方国有企业推进混合所有制改革的具体实施建议。近年来，沈飞民机的经营状况如图8-2所示，2014~2017年，企业经营状况良好，营业收入稳步增加，利润

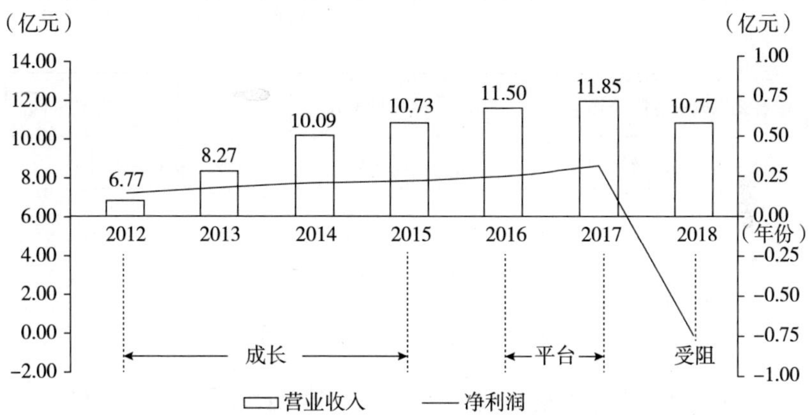


**图8-2　2012~2018年沈飞民机经营状况**

---

① 资料来源：联通混改制定解锁期　员工持股内外两重天［EB/OL］. http：//finance. sina. com. cn/roll/2018-06-02/doc-ihcikcew5104757. shtml.

② 沈飞民机，全称中航沈飞民用飞机有限责任公司，位于辽宁省沈阳市浑南区民用航空国家高技术产业基地。由中航飞机股份有限公司、沈阳飞机工业有限公司等共同出资组建，实际控股股东为中国航空工业集团公司，企业性质属于国有控股有限责任公司。

稳定，说明企业拥有稳定的生产能力和市场占有率；然而 2018 年却出现大幅亏损，其母公司中航飞机宣布自 2019 年起不再对沈飞民机行使管理权，暴露出企业体制机制方面的弊病。沈飞民机是市场化程度和国际化程度相对较高的企业，如果能够利用混合所有制改革的契机调整企业经营机制，企业很可能焕发出新的活力。

## 一、股权结构与治理模式

2019 年起中航飞机不再对沈飞民机行使管理权，这预示着国有资本在某些局部的领域要实现有序的流动和进退，成为资本方面的配合者。国有资本实现有序进退，也能够促进辅业做强。从股权结构设计上，本书认为“国有股东+战略投资者+企业经营管理层”共同参与的三分股权的股权结构比较适合沈飞民机的现实需要①，即国有资本股东、控股投资者以及核心员工三种性质股东同时存在（见图 8-3）。这种股权结构的优势在于将多元化股东利益捆绑在一起，既能够对三方投资者负责，激发企业核心层的积极性，焕发企业活力，实现平稳过渡，又能够以相近的持股比例保证权利的有效制衡。

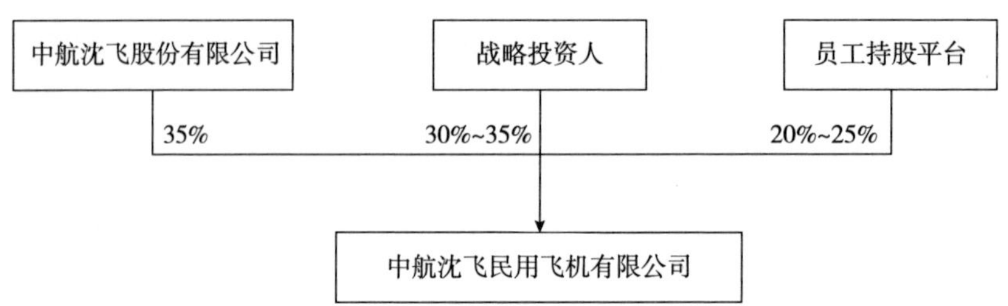


**图 8-3　沈飞民机股权结构示意图**

国有股东可以通过增资扩股等多种形式②将股权转让给非国有股东，从控股地位变成参股地位。将国有资本重新配置，不仅能够保证国有资本的保值增值，还能够提高国有资本的流动性。在沈飞民机这类竞争类商业企

---

① 本方案设计参考上航国旅的混改方案。东航集团把 65%的股权通过增资的形式，转移给引进的战略投资人——绿地集团，同时绿地集团承诺在未来几年内，把其中大概 25%的股份再继续通过增资等多种方式，来激励上航国旅的管理团队，进而形成三分结构。

② 可选用的方式有选择战略投资者、整体或核心资产上市。

业中，国有资本完全可以退到参股的位置，以国有资本配合者的身份出现在企业中。为了保证国有股东在公司重大事项的表决权，国有资本的股权比例应该保持在1/3以上，35%左右是个相对合理的比例，能够维护和保障国有资本的相应权益。鉴于沈飞民机目前处于亏损状态，可以通过引入战略投资人的方式达到处僵治困、压减法人的目标。以短期目标来看，现阶段可以引入财务投资人帮助企业提高经营绩效。待财务困境缓解后，根据企业发展状况再决定是否引入产业投资人。基于沈飞民机融入世界航空产业链的战略目标和国际化经营的发展方向，所选择的产业投资人应该是与沈飞民机存在业务联系，或者是在上下游产业或者相似行业中的领军企业。意向产业投资人应该在航空电子、航空机电产业、航空材料等领域具有突出的研发能力以及良好的生产经营基础，其主营业务应涉及民用运输机领域、包括发动机、尾翼、客舱等制造环节。这样沈飞民机可以在新产品研发、新技术引进和应用、资产重组以及生产与销售能力扩大等方面与产业投资人进行战略合作。在股权多元化的目标下，以研发制造为主的企业可以同时考虑管理层和骨干员工持股的股权激励计划。

## 二、薪酬制度改革方案

薪酬管理有助于吸引和保留优秀员工，激发员工的工作积极性。基于岗位价值评估，对标市场，设置不同岗位对应的薪酬级别范围；缩短层级，加大薪酬级差。建立一套满足市场化需求的岗位和薪酬体系，打破原有的“一张工资表”，留住和有效吸引优秀人才，提高企业可持续发展能力。沈飞民机作为一家高科技企业，从企业绩效改进和企业员工的职业生涯发展两个方面考虑，建议采用宽带薪酬。与国有企业传统薪酬制度相比，宽带薪酬增加了人力成本，同时薪酬成本上升速度也随之加快，但提高了薪酬管理的灵活性和激励性；改变了员工在“金字塔”体制下仅能依靠职位晋升增加薪酬的方式，这对于去除“官本位”文化，尊重人才和突出人才地位有重要意义；增加了员工尤其是知识型、技术型员工的薪酬增长通道，有利于增强整体员工队伍的综合能力素质。沈飞民机现有人才等级按“长、家、匠”三大类四个序列进行管理，分别是长（领导序列、管理序列）、家

(技术序列)、匠（技能序列)[①]，已经具备了宽带薪酬实施的职位管理基础。员工绩效评价体系要重点考量员工业绩的质量和数量指标，依据教育背景、技术水平及创新能力等因素进行衡量。大多数企业的实践经验表明薪酬带宽一般在 20%～60%是比较合理的安排。根据沈飞民机现有岗位序列，带宽设定可参考表 8-3。

**表 8-3　沈飞民机宽带薪酬数量及带宽**

| 序列 | 薪酬带宽 |
| --- | --- |
| 长（领导序列、管理序列） | 50%～60% |
| 家（技术序列） | 30%～40% |
| 匠（技能序列） | 35%～45% |

## 三、员工持股方案设计

沈飞民机是以技术和研发为核心的高科技型企业，人才是第一要素。员工持股是一种能够最大化提升员工主人翁意识的长期激励手段，是混合所有制改革的一种重要实现形式。企业能够通过员工持股建立起共享企业发展成果、共担市场竞争风险的机制，并且进一步完善市场化激励约束机制。沈飞民机适合开展员工持股试点有以下几个原因：第一，沈飞民机作为中航工业下属的四级子公司，相对规模较小，层级少，产权关系相对简单。第二，综合素质高的年轻化团队。与庞巴迪合作的 Q400 项目，研制团队成员平均年龄只有 21 岁，他们凭借拼搏进取的精神，迅速成长并树立了沈飞人“积极、勤奋、认真、负责”的国际形象。第三，高科技企业。沈飞民机是研发能力较强的科技企业，国家针对此类企业特别出台了相应的员工持股政策[②]，鼓励高科技企业开展员工持股等股权激励。沈飞民机已有大批高素质的研发型人才和技术性人才，有利于员工持股范围的确定。为稳妥有序地开展员工持股计划应该解决好以下几点问题（见图 8-4）。

① 资料来源：中航沈飞民用飞机有限责任公司官网，http：//www. sacc. com. cn/zytt. asp.

② 《国有科技型企业股权和分红激励暂行办法》（财资〔2016〕4 号）。

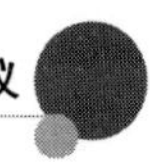

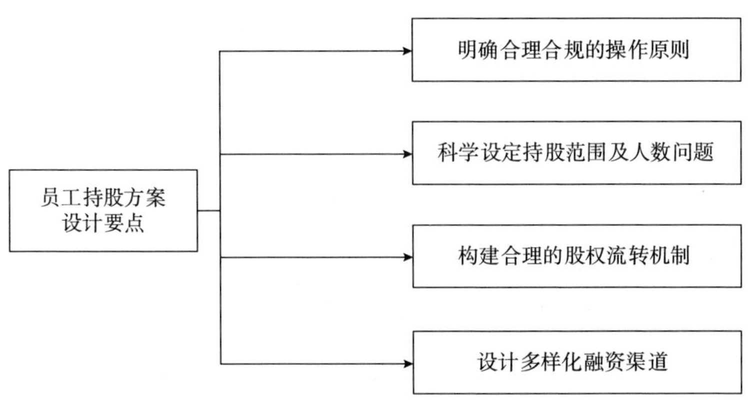


**图 8-4　员工持股方案设计原则及要点**

员工持股方案需要严格按照《公司法》《证券法》及员工持股相关文件①规定进行操作。持股范围的设定既要平衡员工持股诉求与政策限制，又要保证持股候选人筛选的内部公平性，可以从各人才序列、岗位工龄等维度设置可衡量的具体条件。企业在引入战略投资者资源的基础上同步实施员工持股，建议以有限合伙企业形式搭建员工持股平台作为持股载体间接持股，再由持股载体对员工股权进行统一管理。相对于员工以独立自然人形式持股，员工持股平台具有灵活度高、控制权稳定集中的优势。持股员工以有限合伙企业的有限合伙人身份出现，正常享有分红权，在增持和减持股份数额、退出平台时按法律规定办理相关手续时相对便捷。从主体企业角度，员工持股平台只是作为股东之一，不会影响企业的控制权。同时建立员工持股计划的动态调整机制，在企业内部设置合理的股权流转机制，增强股权流动性，并事先约定好进入持股平台的方式、退出机制、锁定期后的转让方式等，避免持股固化。设计多样化的融资渠道，可以与金融机构联合定制融资产品方案，明确融资额度、利率等，这样员工可以根据自己的资金实力合理选择，缓解出资压力。本书依据沈飞民机的实际情况，初步设计如下方案，如图 8-5 所示。

① 《关于国有控股混合所有制企业开展员工持股试点的意见》（国资发改革〔2016〕133 号），这是国家关于混合所有制企业员工持股的纲领性文件。在此之后也陆续出台了其他涉及员工持股的政策文件对实践中的具体操作问题进行了细化或补充，但仍以 133 号文件为基础。比如，2017 年 2057 号文件《关于深化混合所有制改革试点若干政策的意见》进一步放开了可以试点员工持股的企业范围。

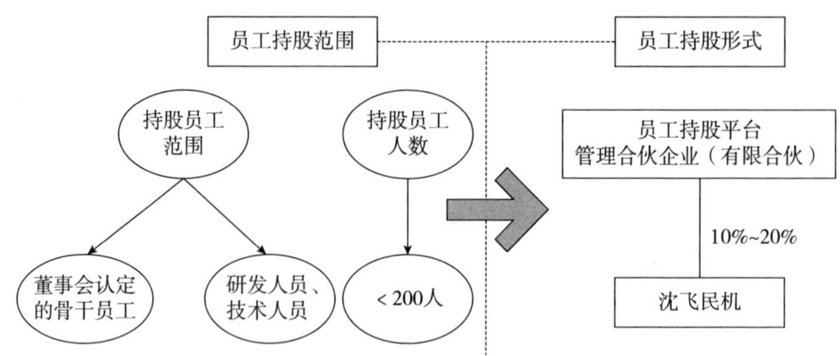


**图 8-5 员工持股范围及形式**

本方案中的员工持股不同于以往一般意义上的高管持股，主要向在关键岗位工作并对公司经营业绩和持续发展有较大影响的科研人员、技术人员和业务骨干倾斜，目的在于进一步激发和提升沈飞民机的研发实力。沈飞民机现有员工 2098 人①，根据国家关于员工持股的政策规定，建议持股人数控制在 200 人以内，持股总量在 10%~20%。

## 第四节 中央企业推进混改的具体实施建议

中央企业层面，本节以中国一重②为例提出混合所有制改革的具体实施建议。中国一重近年来的经营数据见表 8-4。

**表 8-4 2011~2016 年中国一重企业经营状况**

| 年份 | 资产总额（亿元） | 国有资本（亿元） | 资产负债率（%） | 所有制权益（亿元） | 营业总收入（亿元） | 净资产利润率（%） | 利润总额（亿元） |
|---|---|---|---|---|---|---|---|
| 2011 | 349.52 | 7.89 | 51.2 | 170.45 | 87.46 | 0.02 | 4.23 |
| 2012 | 371.29 | 7.89 | 52.7 | 175.76 | 83.20 | 0.00 | 0.20 |

① 天眼查《沈飞民机 2017 年企业年报》。

② 中国一重，全称中国第一重型机械集团公司，是中央管理的关系国家安全和国民经济命脉的国有重点骨干企业之一，曾被誉为“共和国装备制造业鼻祖”，总部位于黑龙江省齐齐哈尔市。2008 年发起设立中国第一重型机械股份公司，并于 2010 年在上交所上市。实际控制人为国务院国资委，控股股东为中国一重集团公司。

续表

| 年份 | 资产总额（亿元） | 国有资本（亿元） | 资产负债率（%） | 所有制权益（亿元） | 营业总收入（亿元） | 净资产利润率（%） | 利润总额（亿元） |
|---|---|---|---|---|---|---|---|
| 2013 | 365.21 | 18.89 | 48.9 | 186.49 | 83.61 | 0.00 | 0.37 |
| 2014 | 399.86 | 41.7 | 57.6 | 152.66 | 73.28 | 0.03 | 0.80 |
| 2015 | 380.68 | 40.6 | 60.4 | 150.85 | 50.12 | -3.17 | -18.12 |
| 2016 | 304.17 | 40.6 | 69.5 | 92.89 | 32.04 | -12.3 | -55.47 |

资料来源：《中国工业企业数据库》（2011~2013）和《中国一重企业年报》（2015~2017）。

2011~2016 年企业平均资产规模约为 370 亿元，年总收入约 85 亿元，具备良好的经营基础和获利潜力。但是利润水平和收益质量表现不佳，2015 年后有大规模亏损，企业盈利能力不强。中国一重是我国国防、军工及核岛主设备等重大成套设备供应商，具有强大的实力规模和扩张能力。结合现有经营状况，属于典型的重资产低收益企业，可以通过吸引战略投资者的方式进行混合所有制改革来提高企业的盈利能力。另外，中国一重作为东北老工业基地的老牌国企，迫切需要通过混合所有制改革提高企业市场化程度，解决公司治理问题，做实董事会制度，完善“三会一层”的法人治理结构。

## 一、股权结构安排

中国一重属于重资产的超大规模企业，根据混合股权结构与企业绩效的关系，比较适合相对集中的股权结构，应追求国有资本控制目标下的股权结构优化调整，即以实现国有资产保值增值为基础，最大限度激发企业活力，强化企业发展动能。因此，中国一重比较适合“一股领先+相对分散+激励股份”的股权结构，这种股权结构能够实现“国有资本控制力+国有资本保值增值+激发企业活力”的目标。现行股权结构①虽然满足了“一股领先”的特征，但存在三大问题：第一，由一重集团直接控股，第一大股东持股比例达 63.88%，股权集中度较高，其余中小股东分散且持股比例较

① 中国一重前五大股东及持股比例：中国一重集团有限公司 63.88%，中国证券金融股份有限公司 1.43%，中国华融资产管理股份有限公司 0.92%，中央汇金资产管理有限责任公司 0.62%，中国农业银行股份有限公司 0.44%。资料来源：中国一重 2018 年年报。

低，未能实现有效制衡，极易发生中小股东“搭便车”现象。第二，缺乏激励股份安排。可以考虑实施“股权激励计划”，给予激励对象部分股东权益，使优秀管理人员和核心技术人员与企业结成利益共同体，实现企业长期发展。第三，投资者中缺乏中国一重产业链上下游关联企业的流通股东。应积极引入行业内知名企业、产业投资基金等战略投资者，通过产权多元化进一步放大国有资本功能。比如，上海电气、东方电气是中国一重核电常规岛设备的主要供应商，如果与这类企业可以达成战略合作，将有利于降低成本、优化产品质量，实现双方利益共赢。再比如，与产业链下游的国电投等核电企业合作，可以起到稳定市场的作用，这些都是可以考虑的战略合作对象。由此，出于国有资本控制动机，拟将中国一重集团公司股权结构设计如下（见图 8-6）。

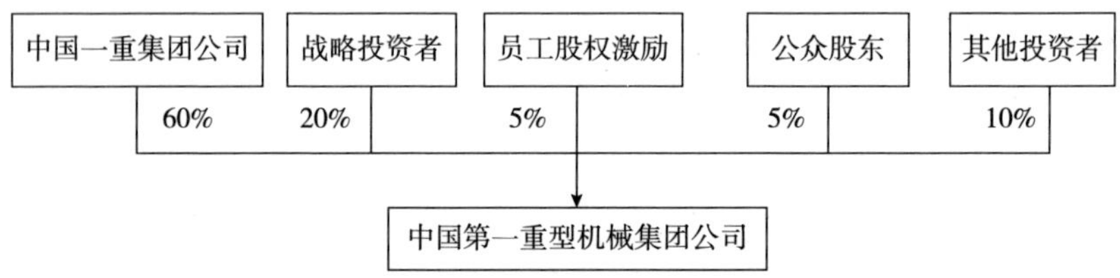


**图 8-6　中国一重集团公司股权结构设计**

上述股权结构的设计思想同样可以应用于集团层面。目前，一重集团面临的经营绩效不佳以及负债问题可以通过资本市场引入战略投资者来解决。战略投资者能够为一重嫁接上下游业务客户资源，提升集团资本实力，降低投资风险，快速实现外延式发展。待双方确定具体战略合作方案后，有望提高企业估值。一重集团实际控制人为国资委，可以考虑转让部分产权，引入战略投资者，将集团整体改制为国有控股的混合所有制企业，并在混改后考虑推进集团整体上市，股权结构方案如图 8-7 所示。

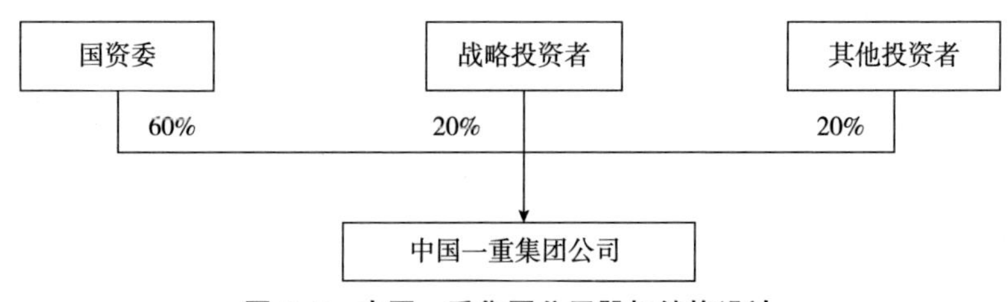


**图 8-7　中国一重集团公司股权结构设计**

## 二、集团混改战略

中国一重是涉及国家经济安全的国有特大型企业，需要通过有效的资本扩充向市场化转型，与外部资源对接实现市场化经营，扩大产业边界；既要保持国有资本的有效控制，又希望借助社会资本力量实现内部机制的激活，引入外部市场的资源和能力，继续提升企业的经营绩效，这应该是中国一重集团层面混改的战略目标。

集团层面改革的重点任务是实现国资管资本为主的监管体制。根据国家全面深化改革的要求，在完善国有资产管理体制方面，国资监管要由管企业、管资产向管资本转变。中国一重要在服务国家战略的前提下，优化国有资本结构，改变国有资本布局，在重大装备、海洋装备、节能环保装备、新材料制造等产业，发挥更强大的带动作用。通过混合所有制改革，改变企业内部治理问题，从机制设计上杜绝侵吞、挥霍、低价变卖国有资本的现象，保证国有资本安全。以管资本为主，严守国资监管纪律，严格落实监管责任，建立长效监督机制，实现国资经营管理全链条监管，确保国有资本安全运营。探索国资监管新方式，运用法制化和市场化的监管方式，实现公司治理机制的规范化运作。根据管资本的新思路，修改《公司章程》规范企业管理。严格按照《公司法》要求，完善法人治理结构，规范股东大会、董事会的运作、严格选派监事会成员、外部董事等。加强集团网络信息公开平台建设，及时、准确地公开披露国资监管信息。

## 三、集团混改方案

### （一）正确处理国资委与董事会治理的关系

股权结构的改变必然带来公司治理的变革，当国资委在集团中以股东身份出现时，需要调整与董事会之间的权责分配，要理顺国资委与董事会治理之间的关系（见图 8-8）。国资委要明确权力和责任，履行出资人职责，做到既不越位也不缺位，将决策权归位于董事会。加强董事会建设，强化董事会在公司治理中的核心地位，真正体现权力机构的职权和作用，将董事会做实。国资委要将投资方案、部分资产与产权处置等重大事项决定权归位于董事会。国资委作为股东，依法享有《公司法》规定的股东职权，可以将投资计划决定权等股东权利授予董事会行使，国资委行使监管权力，以形成有效的制衡机制。在《公司章程》中规定董事会权力的约束条件，使董事会在《公司法》范围内依法行权。在这一轮混合所有制改革中，特别强调企业以市场化机制运作，落实董事会职权，尤其在经营管理者选聘和企业薪酬激励方面，要凸显董事会的决策权。

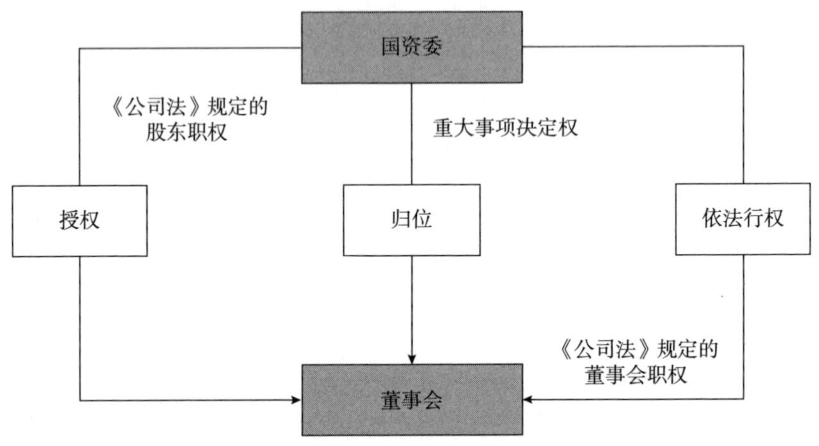


**图 8-8　国资委与董事会治理关系**

### （二）集团层级的董事会建设方案

加强集团层级董事会建设，探索董事会建设与集团管控相结合的创新模式，使董事会运行机制与集团管控机制相关联，产生协同作用。这不仅能够解决集团对下属企业管控能力不足的问题，而且能够促进集团形成经营合力发挥整体优势。首先，中国一重应首先改变现有集团董事长和总经理两职合一的控制权结构；其次，制定《集团董事会运作章程》，将集团董事会、常务委员会、集团董事长和集团总经理之间的决策授权配置明确下来，并体现方案设计的两点主导思想：第一，通过集团合理授权，将管控体现在董事会运营之中；第二，通过有序分权，实现集团管控机制与董事会运营机制的有机融合。明确集团董事会“管人、管事、管资产”的职责，并写入《公司章程》。“管事”指集团董事会主要负责制定集团发展战略，决定集团中长期业务发展战略及规划，并监督其实施。“管人”指负责集团总经理、董事会秘书、职业经理人及其他高级管理人员的选聘工作。“管资

产”指负责集团年度预算、决算、利润分配及弥补亏损等事项。最后，健全外部董事制度，形成“内部董事+专职外部董事+兼职外部董事①”的人员结构，全面提高董事会决策水平和决策质量。

## 第五节 国有高端装备制造企业推进混合所有制改革的政策建议

### 一、转行政型治理为市场型治理

混合所有制经济的本质是国有经济对以非公有制经济为代表的市场机制的采纳和吸收过程。混合所有制改革随着政府与市场边界的动态演化，推动实现行政治理和市场治理的融合，尤其是在一般性竞争领域逐渐由“行政型治理”向“市场型治理”转型。在国有企业中，由政府主导重要资源配置的即以行政治理为主；当政府将竞争性资源交由市场机制进行配置时即为市场型治理。混合所有制改革的目标之一就是发挥市场的基础性作用，使国有企业回归市场主体地位，转向市场治理，所以，混合所有制改革是实现行政治理和市场治理融合，解决政府与市场关系问题的有效机制。

民营资本与国有资本遵循市场机制在产权市场上相互融合，形成混合所有制企业。在企业治理过程中，职业经理人市场、资本市场和产品市场又进一步推进了行政治理和市场治理的融合。行政治理和市场治理的融合程度随政府与市场发挥作用的边界变化而变化，以政府与市场对资源配置效率的差异为演化动力。要继续深化行政体制改革，转换政府职能，从生产型、管理型、全能型政府向服务型政府转变，明确政府与市场在资源配置活动中的作用及空间，突出市场在资源配置中的基础性作用；政府逐渐转向管资本领域，弱化政府对企业的微观干预。

国有企业的绩效应该在竞争机制的筛选过程中展现出来，而不再是“父爱之手”帮助和保护的结果。所以，国有企业改革的重心应该落在两个

① 2019年1月，黑龙江省国资委已经建立兼职外部董事库，主要由高校专家学者、律师事务所的专业律师和企业家组成。

方面：从制度设计上创造促进企业发展的竞争环境和从政策设计方面创造有利于企业发展的竞争机制。公平的市场竞争环境、完善的市场竞争秩序是企业从事生产经营活动、获取生产要素以及参与市场交易实现企业地位和价值的基础。因此，政府等相关部门应改直接帮扶为服务监督，为各类市场主体营造公平的市场竞争氛围。良好的市场环境如果没有配套的机制和监督，混合所有制改革的契机有可能为权贵资本或投机资本利用，国有企业管理机制改革必须同步，理顺所有者、经营者与监督者之间的职责权关系，保证资本和劳动要素的合理流动，提高要素配置效率，形成以市场为主导的资源配置机制，为企业创造良好的竞争环境和秩序，为混合所有制改革实施的效果提供保障。

## 二、完善公司治理和推进混合所有制改革同步进行

完善公司治理是国有企业混合所有制改革的目标，是改革取得实质性成功的标志，同时是国有企业真正转向市场化经营机制的基础。完善的内外部治理机制是混合所有制改革影响国有企业经营绩效和创新绩效的重要媒介。健全规范的“三会一层”治理结构保障企业有序运行，市场化的竞争机制为企业参与混合所有制改革提供了公平有效的外部环境。混合所有制企业通过优化股权结构、强化董事会治理和优化薪酬决策和激励机制，协调各利益相关者之间的关系，形成了激励与约束并存的公司内部治理机制。混合所有制企业公平、公正、透明地参与市场竞争，成为独立的市场主体，强化了公司外部治理机制。混改后的企业拥有灵活的体制机制，充沛的创新动力，在市场竞争的压力下不断完善治理结构，改善经营管理，使企业活力不断增强，经济效率得到提升。

鉴于公司治理在混合所有制改革中发挥的基础性作用，拟推进混合所有制改革的企业应该注重完善公司治理和推进改革的同步进行。推行混合所有制改革的同时，建立有效的公司治理机制，完善现代企业制度。国有企业从股权结构层面组建成混合所有制企业后，规范委托代理制度，构造法人治理结构并形成对高管层及员工完善有效的激励约束机制。在治理结构设置上，董事会结构是关键。明确董事会成员服务、控制、战略的角色定位，控制董事会规模，重视外部董事的作用并给予外部董事发挥作用的激励与空间，保证董事会的独立性。在混合所有制改革实践中，国有企业

改制后或引入战略投资者后大部分朝着做实董事会、保证董事会运作的质量和效率以及完善监事会等相关制度的方向努力。据统计，截至 2017 年，超过 80%的中央企业已经建立了规范的董事会，各省国资委监管的国有企业中建全董事会的比例达到 88%，在这些企业中外部董事占比 13.1%。已有 417 人入选中央企业外部董事人才库，其中 33 人为专职外部董事①。未来国有企业要在做实董事会职能、强化监督机制、激发经理层活力等方面规范各治理主体的权责关系，这是混合所有制改革有效推行、提高改革绩效的重要保障。

## 三、加快建设职业经理人市场

国有企业推行市场化的混合所有制改革，需要同步进行管理变革，改变高管人员的行政任命方式，推行职业经理人制度。在市场化选聘经营管理者的基础上，深化探索国有企业市场化的选人、用人机制，进一步推广职业经理人制度是混合所有制改革的一个重要方向。理论上，职业经理人制度被界定为关于职业经理人选聘、考评、培育、激励及约束等多方面的制度体系以及运作机制，强调主要由董事会按照市场化规则行使“选人用人”的权力，选聘专业的职业经理人负责企业的经营和管理，同时包含了一系列激励约束机制，以契约化模式对职业经理人形成有效监督和制约，这不仅是对市场化规律的尊重，也是对职业经理人负责。相对完善的治理机制是实施职业经理人改革的前提，高端装备制造国有企业进行职业经理人试点首先需要健全公司治理结构，其次设计激励与约束并存的制度并做好风险防范。在公司治理结构尚不完善的企业中，可以根据实际情况分阶段开展职业经理人试点②。对职业经理人薪酬实行市场化分配机制，并不断探索和完善形式多元的中长期激励机制。重视任期激励的作用，增强经理人与企业的纽带联系，通过任期制与契约化管理，建立健全市场化职业经理人的合理有效的考核与退出机制。

建立省级职业经理人人才库，充分利用企业官网、各类人才平台等畅

---

① 常修泽．混合所有制经济新论［M］．合肥：安徽人民出版社，2017.

② 2018 年中海油安全技术服务有限公司（中海油集团下属四级子公司）分三阶段开展了职业经理人机制试点，从单一岗位的职业经理人试点，到业务中心经理岗位的职业化，再到公司副总经理层的试点。

通人才信息，打通各人才库之间的信息渠道和人才流动渠道，为地区和全国持续提供合格的企业家资源，保证职业经理人制度在国有企业的可持续发展。市场机制通过声誉效应对职业经理人有天然的约束作用，在职业经理人人才库中需要同步备份经理人个人业绩档案和诚信档案，构建职业经理人诚信市场，降低企业市场化选人用人的交易风险。

## 四、优化企业激励机制方案

国有企业要实现市场化选聘人才，需要完善的激励机制作为保障。通过对薪酬激励、股权激励以及任期激励三种激励方式对企业绩效调节作用的分析，市场化导向的中长期激励模式更适合国有高端装备制造企业，而货币薪酬激励应适当管控。

通过市场化定价的方式安排高管人员的货币薪酬，推行业绩考核和薪酬激励制度改革。东北地区国有企业高管层对货币薪酬的稳定性偏好较高，同时有职位晋升和在职消费的潜在激励，且较少与业绩考核水平挂钩，形成了薪酬能上不能下的传统，这极不利于激发高管人员的潜力。因此，可以适当降低货币薪酬改为业绩型薪酬契约，提高高管的薪酬业绩敏感性，将高管的努力、能力与业绩通过薪酬反映出来；或者将货币薪酬降低转而以激励性股权替代，将高管整体薪酬所得与企业长远利益捆绑；或者对高管的某些创新或突出业绩贡献以物质或精神奖励进行激励。通过多元化、灵活化地支付高管货币薪酬改变因货币收入稳定而导致的业绩惰性，刺激高管层关注企业的长远发展。

进一步完善股权激励计划。高端装备制造企业现行股权激励整体水平较低，使高管层缺乏从企业长远利益出发进行战略选择的动力。经验研究表明股权激励能够显著提升经理人绩效，所以，在西方国家股权激励是最主要的激励形式。随着我国资本市场的改革与完善，国有企业应该根据自身发展情况，适时安排合理的股权激励比例，实现对高管层和经理人的长期激励效果。企业要营造有利于股权激励实施的企业文化与环境，发挥激励机制的“金手铐”效应留住人才，激发经理人努力提升企业价值的潜力。

适当延长总经理任期能够强化激励机制的效果。任期激励与薪酬激励之间存在一定的替代效应，适当的任期延长可以弥补货币薪酬的降低，增强激励效果的弹性。任期激励作为一种典型的长期激励形式，促使经理人

将职业转变为事业，将自身利益与企业长远发展紧密相连，降低代理成本。

## 五、加快集团层面混改步伐

企业集团这种组织形式既包括母子公司间因股权关系而形成的层级关联，还包括关联公司间的水平关联关系。集团中各企业是独立的法律主体，各自独特的资源禀赋和目标追求但又同一集团归属的属性容易造成企业间的信息不对称和信任合作问题等，产生母子公司之间的代理问题、关联公司间的“搭便车”和道德风险问题。我国混改实践中，截至 2018 年底，央企层面已经有超过 2/3 的企业参与了混改，但是主要集中在子公司层面，呈现了企业层级越低、混合程度越高的特点，四级以下的央企子公司中超过九成实现了混合；地方国有企业的混合所有制改革推进比例已经很高，但同样存在上述问题，基本在二、三级子公司层面混改，母公司仍然是国有独资公司。这种“母公司独资，底下层层混合”[①] 的模式实际上存在诸多问题，比如，母公司仍旧是旧体制，而子公司是混改后形成的新体制，这种“以旧管新”的体制无法激发企业活力，母公司无法获得子公司混合所有制改革的红利，对子公司的控制力逐渐减弱，这种模式难以长久为继。

集团层面的改革与治理也应该包括对子公司和关联企业的内部治理和集团外部利益相关者关系的外部治理。集团治理超越法人边界，是科学制定集团决策、保证集团及内部企业成员之间整体利益一致性和协同性的制度与机制安排。集团层面的混合所有制改革我国至今鲜有实践成功案例。集团层面涉及的产权关系更为复杂，但只有在集团母公司实现了股权多元化改革，集团从上到下才可能出现根本性的变革，最终实现混合所有制改革的终极目标，这也是我国新一轮混合所有制改革的重要突破口和真正意义所在。东北地区中央企业比重较高，吉林省国有企业中 80%都是中央企业，黑龙江省中央企业比重基本达到 50%。国有高端装备制造企业中，中国一重、哈电集团、中国一汽等都是重要的中央企业集团。在集团层面加大改革力度，加快轨道交通、重型装备等领域的体制改革，放宽准入条件，鼓励非公资本进入，加大混合力度，是未来继续深化国企改革的重要方向。东北国有高端装备制造企业推进集团层面的混合所有制改革可以选择以下

① 马淑萍．地方国有资本管理的探索与启示［N］．中国经济时报，2015-02-11（005）．

三种混改方式：第一，通过战略性混改扩大集团业务。集团可以选择与境外企业合资建立子公司，通过业务关联，实现产品、技术、资金、市场等多方资源共享，将集团本身业务做大。第二，调整股权结构。可以选择出售部分股权，放弃部分控股权，改控股为参股。第三，国资监管体制改革。由国资监管机构率先进行改革，从体制层面自上而下推进改革。

## 第六节　本章小结

国有企业混合所有制改革旨在吸收和采纳市场机制。东北地区国有高端装备制造企业混合所有制改革应围绕企业的市场化地位展开，以引入市场机制、提升资本回报率、发挥企业家精神、推动创新发展为改革目标。

为东北国有高端装备制造企业进行混合所有制改革提出具体实施建议，地方国企以沈飞民机为例，中央企业以中国一重为例，体现了本书的应用价值。

地方国有企业或子公司层级的竞争类领域高科技企业，应该积极通过混合所有制改革实现独立的市场主体地位。股权结构设计上，大胆引入非国有资本，增添企业活力，国有资本完全可以退到参股地位，形成相对多元且相互制衡的股权结构。在治理机制方面，应以企业研发能力为核心目标进行人事制度改革，推动企业高质量发展；以薪酬制度改革和员工持股制度激发员工积极性，提升企业活力和竞争力。

中央企业通过混合所有制改革可以缓解企业现时经营绩效不佳、利润水平低的问题，此外还应重点探索集团层面混改方案。在股权结构方面保持国有资本控制力的基础上可以考虑积极引入战略投资者，在集团内部治理方面要处理好国资委与董事会治理的关系，优化集团内部组织结构。

提出东北地区推进国有高端装备制造企业混合所有制改革的政策建议。混合所有制改革随着政府与市场边界的动态演化，转行政型治理为市场型治理，同步完善公司治理机制，尤其是对激励机制的完善和优化，建设职业经理人市场，同时加快集团层面混合所有制改革进程。

# 第九章
# 研究结论

作为带动装备制造业产业升级的重要引擎，高端装备制造是我国重点培育的战略性新兴产业的重要领域和关键支撑。面对全球竞争加剧、环境与资源约束的日趋严峻、实体经济的回归，必须从战略高度重视高端装备制造业的发展。高端装备制造是东北地区制造业的支柱，贡献了半数以上的经济利润总额，但是，从全国发展来看，东北地区高端装备制造业衰落趋势明显。主要原因在于东北地区高端装备制造企业市场化程度不高、国有资本收益率低，这归根结底是体制性矛盾造成的。随着新一轮混合所有制改革在全国范围全面铺开，东北地区高端装备制造企业也应借此契机改革体制机制，重新焕发活力。本轮改革沿着“完善企业内部治理结构”和“营造公平且有效率的市场竞争环境，强化企业的市场主体地位”两个方向推进。因此，本书沿着产权改革和市场竞争两条主线，找出通过混合所有制改革提升和改善企业绩效的基本逻辑与具体路径，深入考察了混合所有制结构、产品市场竞争对企业绩效的作用与影响，得到以下结论：

（1）混合所有制改革的基础是“混”，即推进国有资本的积极流动并与具备完善市场化特征的外部资本相融合，从产权层面形成混合所有制企业；关键在于“改”，即在产权改革的基础上，以公司治理体系为抓手，从经营机制重点突破而形成的综合性改革。东北地区国有高端装备制造企业具有良好的扩张能力、资产结构和获利潜力，是可以优先进行突破的领域，通过混合所有制改革进一步优化组织结构，提高企业市场化水平，全面提升企业整体竞争力。民营资本参与到改革中来，通过混合所有制改革的开放效应和溢出效应拓宽投资渠道和覆盖面，获得更多的经济资源与更广阔的发展空间。

（2）综合国有企业改革的产权论和市场论，提出混合所有制改革的公司治理逻辑框架。混合所有制改革是社会主义市场经济根本性的制度创新，能够将以产权改革为核心的公司内部治理和以市场竞争为核心的公司外部治理统一在一个框架内，即将“混”和“改”统一起来，实现制度创新和技术创新协同发展，产生提升企业创新能力和国际竞争力的作用，并对企业成长产生协同效应。混合所有制改革对企业内部治理的主要实现路径表现在股权结构、董事会结构和激励机制三方面，并在市场竞争中趋于完善。混合所有制改革对企业外部治理的作用路径表现为通过市场竞争影响企业治理，包括资本市场、产品竞争市场和经理人市场。

（3）在存在产品差异的市场上构建国有企业和多家私有企业同时进行产量竞争的混合寡头模型，通过对产量和社会福利水平的分析，证明了混合所有制结构会受到市场结构、产品差异化程度的影响，是一个动态变量，并模拟得出国有高端装备制造企业混合所有制结构比例区间。混合股权结构的关键并不是各种资本的具体持股比例和比重大小，而是不同类型股权的多元化混合和相互制衡，在这个意义上，本书针对到底由何种资本控股的问题提供了一个很好的解释。

（4）混合所有制结构与企业绩效之间存在着企业规模的门槛效应。相对于规模较大的高端装备制造企业，混合所有制结构对一般规模企业的经营绩效有更强的促进作用。因此，超大资产规模的企业适合相对集中的股权结构，而其他企业适用于多元分散的股权结构。在混改实践中，本书认为超大资产规模企业可以采用“一股领先+相对分散+激励股份”的混合所有制结构，而一般规模的竞争性企业可以采用“国有股东+战略投资者+企业经营管理层三分股权”的混合所有制结构。

（5）市场竞争机制需要通过内部治理机制发挥作用，在提高企业绩效方面要重视激励机制的调节作用。产品市场竞争有利于提高资源配置效率和企业价值，但是需要以企业内部合理的股权结构安排为基础。竞争机制对企业绩效产生的积极作用是对股权治理效应的强化，二者之间存在互补关系。混合所有制改革中需要格外重视激励机制的作用。激励机制在产品市场竞争和企业绩效之间发挥着显著的调节作用，可以看作是连接内部和外部治理机制的关键。从长远发展的角度，高端装备制造企业未来应对高管层现有的货币薪酬给予适当管制转而以激励性股权替代，并且在核心技术员工间同步实行股权激励。重视任期激励的作用，起用年轻的职业经理人，延长经理人预期任期，强化经理层从企业长远利益出发进行战略选择的动力。在董事会治理方面，过大的董事会规模会损害企业利益，导致董事会治理失效，实践中可以设置 7~11 人且数量为奇数的董事会规模，提高

独立董事比例并充分实现董事会的事实独立性。

（6）本书侧重于对未实现民营化的混合所有制国有企业未来应如何进行改革以提高企业绩效进行探讨，混改的目标是从完善法人治理结构转到内外部治理兼顾上来。同时，对于已经进行混合所有制改革和正在改革的国有企业也具有一定的借鉴价值。但是，混合所有制改革是很难一次性改革到位、一劳永逸的，因此，应该建立混合所有制改革的动态机制，在企业运行过程中动态调整混合所有制结构，并允许原有股东的退出和新股东的进入。混合所有制改革虽不是新生事物，但是在操作层面仍缺少经验，尤其在国际大变局的背景下应稳中求进，动态完善调整。东北国有高端装备制造企业改革的具体实践应根据自身发展的实际情况制定合理的混合所有制改革方案，并推动改革向更高层面推进。依据市场化原则使各类股东享有平等性权利即“同股同权”，这是混合所有制经济的应有之意，保证各类股东的收益与风险分担。股东退出机制的基础是混合所有制企业产权的可交易性，在联合产权交易所挂牌转让、进行产权交易或者 IPO 等是比较常用和理想的方式，还可以采用管理层收购或股权回购等较为保守的方式。

[1] Admati A. R., Pfleiderer P., Zechner J. Large Shareholder Activism, Risk Sharing, and Financial Market Equilibrium [J]. Journal of Political Economy, 1994, 102 (6): 1097-1130.

[2] Alchian, Armen A., Harold Demsetz. Production, Information Costs and Economic Organization [J]. American Economic Review, 1972 (62): 777-795.

[3] Alchian A. A. Some Economics of Property Rights [J]. Il politico, 1965: 816-829.

[4] Alchian A. A., Demsetz H. Production, Information Costs, and Economic Organization [J]. IEEE Engineering Management Review, 1972, 62 (5): 777-795.

[5] Alchian A. A., Demsetz H. The Property Right Paradigm [J]. Journal of Economic History, 1973, 33 (1): 16-27.

[6] Arrow K. J. The Economic Implications of Learning by Doing [J]. Review of Economic Studies, 1962, 29 (3): 155-173.

[7] Bennett J., Maw J. Privatization, Partial State Ownership, and Competition [J]. Journal of Comparative Economics, 2003, 31 (1): 58-74.

[8] Berle A. A., Means G. C. Corporations and the Public Investor [J]. American Economic Review, 1930, 20 (1): 54-71.

[9] Boutchkova M. K., Megginson W. L. Privatization and the Rise of Global Capital Markets [J]. Financial Management, 2000: 31-75.

[10] Brada J. C. Privatization is Transition--Or Is It? [J]. Journal of Economic Perspectives, 1996, 10 (2): 67-86.

[11] Caves D. W., Diewert L. R. C. E. The Economic Theory of Index

Numbers and the Measurement of Input, Output, and Productivity [J]. Econometrica, 1982, 50 (6): 1393-1414.

[12] Charnes A., Cooper W. W., Rhodes E. Measuring the Efficiency of Decision Making Units [J]. European Journal of Operational Research, 1978, 2 (6): 429-444.

[13] Coelli T. A Multi-stage Methodology for the Solution of Orientated DEA Models [J]. Operations Research Letters, 1998, 23 (3-5): 143-149.

[14] De Alessi L. Property Rights, Transaction Costs, and X-efficiency: An Essay in Economic Theory [J]. The American Economic Review, 1983, 73 (1): 64-81.

[15] Demsetz H., Lehn K. The Structure of Corporate Ownership: Causes and Consequences [J]. Journal of Political Economy, 1985, 93 (6): 1155-1177.

[16] Denis D. K., Mcconnell J. J., Ovtchinnikov A. V., et al. S&P 500 Index Additions and Earnings Expectations [J]. Journal of Finance, 2003, 58 (5): 1821-1840.

[17] Dyck A., Zingales L. Private Benefits of Control: An International Comparison [J]. Journal of Finance, 2004, 59 (2): 537-600.

[18] Faccio M. Politically Connected Firms [J]. American Economics Review, 2006 (96): 369-386.

[19] Fraja, Gianni De, and F. Delbono. Alternative Strategies of A Public Enterprise in Oligopoly [J]. Oxford Economic Papers, 1989, 41 (2): 302-311.

[20] Gillan S. L. Recent Development in Corporate Governance: An Overview [J]. Journal of Corporate Finance, 2006, 12 (3): 381-402.

[21] Gomes A., Novaes W. Sharing of Control versus Monitoring as Corporate Governance Mechanisms [J]. Working paper, Penn Institute for Economic Research, 2005.

[22] Gupta V., Harlalka V. Hedge Funds: Governing Issues, Investment Strategies and Performance [J]. Indian Institute of Management Ahmeda-bad, 2006.

[23] Hansen B. E. Threshold Effects in Non-dynamic Panels: Estimation, Testing, and Inference [J]. Journal of Econometrics, 1999, 93 (2): 345-368.

[24] Hansen B. E. Inference When a Nuisance Parameter is Not Identified Under the Null Hypothesis [J]. Econometrica, 1996, 64 (2): 413-430.

[25] Hart O., Shleifer A., Vishny R. W. The Proper Scope of Government: Theory and an Application to Prisons [J]. Quarterly Journal of Economics, 1997, 112 (4): 1127-1161.

[26] Hartley K., Parker D., Martin S. Organisational Status, Ownership and Productivity [J]. Fiscal Studies, 1991, 12 (2): 46-60.

[27] Hartzell J. C., Starks L. T. Institutional Investors and Executive Compensation [J]. Journal of Finance, 2003, 58 (6): 2351-2374.

[28] Holmstrom B. Agency Costs and Innovation [J]. Journal of Economic Behavior & Organization, 1989, 12 (3): 305-327.

[29] Hu A. G. Ownership, Government R&D, Private R&D, and Productivity in Chinese Industry [J]. Journal of Comparative Economics, 2001, 29 (1): 136-157.

[30] James Burnham. The Managerial Revolution: What is Happening in the World [J]. Ethics, 1942, 52 (3): 383-385.

[31] Jensen M. C., Meckling W. H. Theory of the Firm: Managerial Behavior, Agency Costs and Ownership Structure [J]. Social Science Electronic Publishing, 1976, 3 (4): 305-360.

[32] Jeon D. S., Laffont J. J., Tirole J. On the "Receiver - pays" Principle [J]. RAND Journal of Economics, 2004: 85-110.

[33] Johnson S., Porta R. L., Shleifer A. Tunneling [J]. American Economic Review, 2000, 90 (2): 22-27.

[34] Porta R. F., Lopez-De-Silanes F., Shleifer A. Government Ownership of Banks [J]. Journal of Finance, 2002 (57): 265-301.

[35] Larcker D. F., Richardson S. A., Tuna I. Corporate Governance, Accounting Outcomes, and Organizational Performance [J]. Accounting Review, 2007, 82 (4): 963-1008.

[36] Lee S. H., Xu L. Endogenous Timing in Private and Mixed Duopolies with Emission Taxes [J]. Journal of Economics, 2018, 124 (2): 175-201.

[37] Li D. D. Changing Incentives of the Chinese Bureaucracy [J]. The American Economic Review, 1998, 88 (2): 393-397.

[38] Lin, Justin Yifu, Cai, Fang and Li, Zhou. Competition, Policy Burdens, and State-Owned Enterprise Reform [J]. American Economic Review,

1998, 88 (2): 422-27.

[39] Liu G. S., Beirne J., Sun P. The Performance Impact of Firm Ownership Transformation in China: Mixed Ownership vs. Fully Privatised Ownership [J]. Social Science Electronic Publishing, 2013, 27 (6): 697-711.

[40] Li W., Xu L. C. The Impact of Privatization and Competition in the Telecommunications Sector around the World [J]. The Journal of Law and Economics, 2004, 47 (2): 395-430.

[41] Ljungqvist A. P., Jenkinson T., Wilhelm W. J. Global Integration in Primary Equity Markets: The Role of U. S. Banks and U. S. Investors [J]. Review of Financial Studies, 2003, 16 (1): 63-99.

[42] Manso G. Motivating Innovation [J]. The Journal of Finance, 2011, 66 (5): 1823-1860.

[43] Matsumura T. Partial Privatization in Mixed Duopoly [J]. Journal of Public Economics, 1998, 70 (3): 473-483.

[44] Maxim Boycko, Andrei Shleifer, Robert W. Vishny. A Theory of Privatisation [J]. The Economic Journal, 1996, 106 (435): 309-319.

[45] Mirrlees J. A. An Exploration in the Theory of Optimum Income Taxation [J]. Review of Economic Studies, 1971, 38 (2): 175-208.

[46] Modigliani F., Miller M. H. The Cost of Capital, Corporation Finance, and the Theory of Investment: Reply [J]. American Economic Review, 1959, 49 (4): 655-669.

[47] Morgan A. G., Poulsen A. B. Linking Pay to Performance——Compensation Proposals in the S&P 500 [J]. Journal of Financial Economics, 2001, 62 (3): 489-523.

[48] Niskanen W. Bureaucracy and Representative Democracy [M]. Chicago und New York, 1971.

[49] Porta R. L., Lopez-De-Silanes F., Shleifer A., et al. Agency Problems and Dividend Policies Around the World [J]. Journal of Finance, 2000, 55 (1): 1-33.

[50] Ray S. C., Desil E. Productivity Growth, Technical Progress, and Efficiency Change in Industrialized Countries: comment [J]. American Economic Review, 1997, 87 (5): 1033-1039.

[51] Reyna J. M. S. M. , Vazquez R. D. , Valdes A. L. Corporate Governance, Ownership Structure and Performance in Mexico [J]. International Business Research, 2012, 5 (11): 12.

[52] Schumpeter J. A. Capitalism, Socialism, and Democracy [J]. Political Studies, 1979, 27 (4): 594-602.

[53] Shirley M. M. Bureaucrats in Business: The Roles of Privatization Versus Corporatization in State-owned Enterprise Reform [J]. World Development, 1999, 27 (1): 115-136.

[54] Shleifer A. , Vishny R. W. Politicians and Firms [J]. Quarterly Journal of Economics, 1994 (109): 995-1025.

[55] Shleifer A. , Vishny R. W. A Survey of Corporate Governance [J]. The Journal of Finance, 1997, 52 (2): 737-783.

[56] Shleifer A. , Vishny R. W. Large Shareholders and Corporate Control [J]. Journal of Political Economy, 1986, 94 (3): 461-488.

[57] Singh N. , Vives X . Price and Quantity Competition in a Differentiated Duopoly [J]. Rand Journal of Economics, 1984, 15 (4): 546-554.

[58] Stiglitz J. E. , Weiss A. Credit Rationing in Markets with Imperfect Information [J]. American Economic Review, 1981, 71 (3): 393-410.

[59] Tan Y. , Tian X. , Zhang X. , et al. The Real Effects of Privatization: Evidence from China's Split Share Structure Reform [J]. Social Science Electronic Publishing, 2010.

[60] Tobin, James. Estimation of Relationships for Limited Dependent Variables [J]. Econometrica, 1958, 26 (1): 24-36.

[61] Williamson O. E. Transaction-Cost Economics: The Governance of Contractual Relations [J]. Journal of Law & Economics, 1979, 22 (2): 233-261.

[62] Yalamov, Todor. Hiding, Circumvention, Public Procurement, and Shaping Laws: The Role of Networks andBribery in Bulgaria [J]. Eastern European Economics, 2012, 50 (5): 93-111.

[63] Yarrow G. Privatization in Theory and Practice [J]. Economic Policy, 1986, 1 (2): 323-364.

[64] Zhang J. , Li C. Endogenous R&D Spillover and Location Choice in a Mixed Oligopoly [J]. Annals of Regional Science, 2013, 51 (2): 459-477.

[65] Chang H. J. Bad Samaritans: Rich Nations, Poor Policies, and the Threat to the Developing World [M]. New York: Random House Business, 2007.

[66] Färe R., Grosskopf S., Lindgren B., et al. Productivity Developments in SwedishHospitals: A Malmquist Output Index Approach [M]. Data Envelopment Analysis: Theory, Methodology, and Applications. 1994.

[67] Kelso L. O., Kelso P. H. Two - factor Theory: The Economics of Reality [M]. New York: Vintage Books, 1967.

[68] Mansfield E. Industrial Research and Technological Innovation [M]. New York: W. W Norton, 1968.

[69] Martin S., Parker D. The Impact of Privatization: Ownership and Corporate Performance in the United Kingdom [M]. Routledge, 1997.

[70] Shleifer A., and Vishny R. W., The Grabbing Hand: Government Pathologies and Their Cures [M]. Cambridge, Mass: Harvard University Press, 1998.

[71] Shleifer A., Vishny R. W. Privatization in Russia: First Steps [M]. The Transition in Eastern Europe, Volume 2: Restructuring. University of Chicago Press, 1994.

[72] 艾伯特·赫西曼. 经济发展战略 [M]. 曹征东, 潘照东, 译. 北京: 经济科学出版社, 1991.

[73] 常修泽. 混合所有制经济新论 [M]. 合肥: 安徽人民出版社, 2017.

[74] 陈强. 高级计量经济学及 stata 应用 [M]. 北京: 高等教育出版社, 2017.

[75] 高明华. 公司治理与国有企业改革 [M]. 上海: 东方出版中心, 2017.

[76] 李维安, 郝臣. 公司治理手册 [M]. 北京: 清华大学出版社, 2018.

[77] 李子奈, 潘文卿. 计量经济学 [M]. 北京: 高等教育出版社, 2015.

[78] 理查德·斯旺森, 艾尔伍德·霍尔顿. 人力资源开发效果评估 [M]. 陶娟译. 北京: 中国人民大学出版社, 2008.

[79] 宁向东. 国有企业改革与董事会建设 [M]. 北京: 中国发展出版

社，2013.

［80］施能自，吴芙蓉．新一轮国企改革的思考与操作实务［M］．北京：中国经济出版社，2017.

［81］王悦著．混改：资本视角的观察与思考［M］．北京：中信出版社，2019.

［82］张维迎．企业理论与中国企业改革［M］．上海：人民出版社，2014.

［83］张文魁．解放国企：民营化的逻辑与改革路径［M］．北京：中信出版社，2014.

［84］张文魁．混合所有制的公司治理与公司业绩［M］．北京：清华大学出版社，2015.

［85］张银杰．公司治理：现代企业制度新论［M］．上海：上海财经大学出版社，2017.

［86］赵建凤．上市公司股权结构对内部控制有效性的影响研究［M］．北京：经济管理出版社，2015.

［87］包刚．混合所有制对公司绩效的影响：融资约束的中介效应［J］．会计之友，2016（09）：57-62.

［88］曹玉珊，陈力维．员工持股计划、人才专业性与企业有效创新［J］．当代财经，2019（05）：84-95.

［89］曾福城．公益性国企混改与黄金股的运用［J］．发展研究，2017（11）：88-92.

［90］曾宪奎．国有企业的双重特性与混合所有制改革［J］．红旗文稿，2015（24）：19-21.

［91］常修泽．现代治理体系中的包容性改革——混合所有制价值再发现与实现途径［J］．人民论坛·学术前沿，2014（6）：14-23.

［92］陈俊龙，汤吉军．国有企业混合所有制分类改革与国有股最优比例——基于双寡头垄断竞争模型［J］．广东财经大学学报，2016，31（1）：36-44.

［93］陈俊龙，王沐笛，胡晓慧．最优国有化水平与教育领域混合所有制办学：基于双寡头垄断模型的研究［J］．教育与经济，2018（2）：62-70.

［94］陈林，王凤生．混合寡头理论研究进展［J］．经济学动态，2017（1）：125-136.

［95］陈少强，郭骊，郑紫卉．政府引导基金演变的逻辑［J］．中央财经大学学报，2017（2）：3-13.

［96］陈伟，刘强．基于DEA方法的高端装备制造业企业经营绩效研究［J］．工业技术经济，2017，36（3）：56-63.

［97］陈燕丽，王磊，姜明栋，沈晓梅．东北三省制造业上市公司企业绩效及影响因素研究——基于DEA-Malmquist-Tobit模型［J］．工业技术经济，2018，37（11）：51-57.

［98］陈颖，章月萍，吴秋明．混合所有制企业与技术创新：技术创新驱动视角［J］．哈尔滨商业大学学报（社会科学版），2017（3）：63-71.

［99］张文魁．国有企业改革中国范式面临的四大挑战［J］．当代社科视野，2009（3）：55-56.

［100］丁石．发展混合所有制经济不是要走私有化道路［J］．红旗文稿，2015（22）：21-22.

［101］樊光鼎，邓元明，丁风，杜彪，李慰严，戴鹰．社会主义国有企业多种经营方式问题［J］．管理世界，1986（2）：59-75.

［102］范黎波，尚铎．混合所有制改革：国企创新的驱动力［J］．清华管理评论，2018（9）：88-92.

［103］冯根福．双重委托代理理论：上市公司治理的另一种分析框架——兼论进一步完善中国上市公司治理的新思路［J］．经济研究，2004（12）：16-25.

［104］高蓓，高汉．国有股比例与管理授权——基于混合寡占模型的研究［J］．世界经济文汇，2013（6）：14-27.

［105］高明华．论国有企业分类改革和分类治理［J］．行政管理改革，2013（12）：55-59.

［106］高明华，杨丹，杜雯翠，焦豪，谭玥宁，苏然，方芳，黄晓丰．国有企业分类改革与分类治理——基于七家国有企业的调研［J］．经济社会体制比较，2014（2）：19-34.

［107］高志芳，王晓亮，郑泽灏．混合所有制下国有资产保值增值机制研究［J］．河北经贸大学学报（综合版），2017，17（3）：63-67.

［108］郭放，潘中华．对我国混合所有制企业发展的若干思考［J］．经济纵横，2015（4）：65-68.

［109］韩沚清，许多．混合所有制改革影响国有企业绩效的基本逻辑

与路径［J］. 财会通讯，2019（2）：3-8.

［110］郝阳，龚六堂. 国有、民营混合参股与公司绩效改进［J］. 经济研究，2017，52（3）：122-135.

［111］郝云宏，周翼翔. 董事会结构、公司治理与绩效——基于动态内生性视角的经验证据［J］. 中国工业经济，2010（5）：110-120.

［112］何光辉，杨咸月. 融资约束对企业生产率的影响——基于系统GMM方法的国企与民企差异检验［J］. 数量经济技术经济研究，2012，29（5）：19-35.

［113］何强，陈松. 董事会运作、研发投入与公司绩效——基于中国制造业上市公司的经验分析［J］. 山西财经大学学报，2012，34（5）：87-95.

［114］何玉润，林慧婷，王茂林. 产品市场竞争、高管激励与企业创新——基于中国上市公司的经验证据［J］. 财贸经济，2015（2）：125-135.

［115］和军，张紫薇. 新一轮东北振兴战略背景与重点——兼评东北振兴战略实施效果［J］. 中国特色社会主义研究，2017（6）：2，33-41.

［116］贺正楚，潘红玉，寻舸，吴艳. 高端装备制造企业发展模式变革趋势研究［J］. 管理世界，2013（10）：178-179.

［117］胡季英，冯英浚. 企业绩效评价理论研究述评与展望［J］. 现代管理科学，2005（9）：29-31.

［118］胡一帆，宋敏，张俊喜. 中国国有企业民营化绩效研究［J］. 经济研究，2006（7）：49-60.

［119］胡颖，刘少波. 混合所有制与国有企业产权多元化改革［J］. 科学·经济·社会，2005，23（2）：30-33.

［120］黄桂田，张悦. 国有公司员工持股绩效的实证分析——基于1302家公司的样本数据［J］. 经济科学，2009（4）：86-94.

［121］黄金树. 股份制国有企业经理人的诱因选择与民营化：混合寡占模型的应用［J］. 世界经济文汇，2005（2）：42-50.

［122］黄群慧，余菁. 新时期的新思路：国有企业分类改革与治理［J］. 中国工业经济，2013，（11）：5-17.

［123］黄群慧，余菁，王欣，邵婧婷. 新时期中国员工持股制度研究［J］. 中国工业经济，2014（7）：5-16.

［124］黄速建. 中国国有企业混合所有制改革研究［J］. 经济管理，2014，36（7）：1-10.

［125］黄速建．国有企业改革的实践演进与经验分析［J］．经济与管理研究，2008（10）：20-31.

［126］黄速建，肖红军，王欣．竞争中性视域下的国有企业改革［J］．中国工业经济，2019（6）：22-40.

［127］黄速建，肖红军，王欣．论国有企业高质量发展［J］．中国工业经济，2018（10）：19-41.

［128］霍晓萍，李华伟，邱赛．混合所有制、高管薪酬与技术创新［J］．会计之友，2019（4）：146-152.

［129］纪春礼，李振东．管理层特征对企业国际化绩效的影响：基于中国国有控股制造业上市公司数据的实证检验［J］．经济经纬，2010（3）：57-60.

［130］蒋一苇．企业本位论［J］．中国社会科学，1980（1）：21-36.

［131］靳继东，杨盈竹．东北经济的新一轮振兴与供给侧改革［J］．财经问题研究，2016（5）：103-109.

［132］剧锦文．改革开放40年国有企业所有权改革探索及其成效［J］．改革，2018（6）：38-48.

［133］李成，秦旭．银行股权集中度与经营绩效的相关性分析［J］．金融理论与实践，2008（1）：29-32.

［134］李春玲，李瑞萌，袁润森．国有企业混合所有制改革的投资效率［J］．企业经济，2017，36（4）：47-53.

［135］李广子，刘力．上市公司民营化绩效：基于政治观点的检验［J］．世界经济，2010，33（11）：139-160.

［136］李汉军，刘小元．国有控股上市企业股权多元化与公司绩效：2007—2012年的一个检验［J］．中央财经大学学报，2015（7）：56-63.

［137］李坤，于渤，李清均．“躯干国家”制造向“头脑国家”制造转型的路径选择——基于高端装备制造产业成长路径选择的视角［J］．管理世界，2014（7）：1-11.

［138］李明，黄霞．员工持股激励效应的实证研究——来自我国A股上市企业的经验证据［J］．财会通讯，2017（6）：101-104.

［139］李士梅，李安．国有持股比例与企业绩效关系测度——基于高端装备制造业的面板门槛模型［J］．江汉论坛，2018（8）：36-42.

［140］李士梅，张倩．股权结构对国有装备制造企业创新投入的影响

[J]. 求是学刊, 2015, 42 (5): 57-63.

[141] 李士梅, 张倩. 国有战略性新兴产业布局的基础条件与创新路径 [J]. 江汉论坛, 2013 (12): 79-83.

[142] 李维安. 深化国企改革与发展混合所有制 [J]. 南开管理评论, 2014, 17 (3): 1.

[143] 李维安, 邱艾超, 牛建波, 徐业坤. 公司治理研究的新进展: 国际趋势与中国模式 [J]. 南开管理评论, 2010, 13 (6): 13-24, 49.

[144] 李文贵, 余明桂. 民营化企业的股权结构与企业创新 [J]. 管理世界, 2015 (4): 112-125.

[145] 李锡元, 梁昊, 徐镔, 龚湛雪. 国有企业推行职业经理人制度的改革路径 [J]. 学习与实践, 2018 (6): 49-57.

[146] 梁英, 梁喜农. 产品市场竞争程度、控股股东性质与公司治理绩效 [J]. 当代经济研究, 2012 (12): 75-78.

[147] 廖红伟, 丁方. 产权多元化对国企经济社会绩效的综合影响——基于大样本数据的实证分析 [J]. 社会科学研究, 2016 (6): 29-36.

[148] 林毅夫, 刘培林. 自生能力和国企改革 [J]. 经济研究, 2001 (9): 60-70.

[149] 林迎星, 廖菊珠. 基于创新驱动的福建省高端装备制造业发展研究 [J]. 福建论坛 (人文社会科学版), 2019 (7): 177-184.

[150] 凌江怀, 胡雯蓉. 企业规模、融资结构与经营绩效——基于战略性新兴产业和传统产业对比的研究 [J]. 财贸经济, 2012 (12): 71-77.

[151] 刘春, 孙亮. 政策性负担, 市场化改革与国企部分民营化后的业绩滑坡 [J]. 财经研究, 2013, 39 (1): 71-81.

[152] 刘芳, 王宇露. 基于 Meta-Frontier-Bootstrap-DEA 方法的中国高端装备制造企业效率测度研究 [J]. 统计与信息论坛, 2017, 32 (6): 92-98.

[153] 刘和旺, 郑世林, 王宇锋. 所有制类型、技术创新与企业绩效 [J]. 中国软科学, 2015 (3): 28-40.

[154] 刘辉, 温军, 丰若旸. 收购兼并、异质企业与技术创新 [J]. 当代经济科学, 2017, 39 (2): 72-85, 126-127.

[155] 刘瑞明, 石磊. 国有企业的双重效率损失与经济增长 [J]. 经济研究, 2010, 45 (1): 127-137.

[156] 刘胜强, 刘星. 董事会规模对企业 R&D 投资行为的影响研究

[J]. 科学管理研究，2010，28（3）：82-86.

[157] 刘伟. 发展混合所有制经济是建设社会主义市场经济的根本性制度创新[J]. 经济理论与经济管理，2015（1）：5-14.

[158] 刘小玄. 中国转轨经济中的产权结构和市场结构——产业绩效水平的决定因素[J]. 经济研究，2003（1）：21-29，92.

[159] 刘星，刘伟. 监督，抑或共谋？——我国上市公司股权结构与公司价值的关系研究[J]. 会计研究，2007（6）：68-75，96.

[160] 刘运国，郑巧，蔡贵龙. 非国有股东提高了国有企业的内部控制质量吗？——来自国有上市公司的经验证据[J]. 会计研究，2016（11）：61-68，96.

[161] 刘长庚，张磊. 理解"混合所有制经济"：一个文献综述[J]. 政治经济学评论，2016，7（6）：25-41.

[162] 柳学信，曹晓芳. 混合所有制改革态势及其取向观察[J]. 改革，2019（1）：141-149.

[163] 卢轶遐. 股权激励对企业绩效的影响——基于管理层机会主义视角的考察[J]. 商业经济研究，2017（22）：108-111.

[164] 罗福凯，于江，陈肖丹. 高端装备制造上市企业技术资本测度及收益分析[J]. 经济管理，2013，35（11）：59-70.

[165] 马光威，钟坚. 经济增长、稳定约束与国有企业混合所有制改革[J]. 经济与管理研究，2016，37（5）：25-34.

[166] 马连福，王丽丽，张琦. 混合所有制的优序选择：市场的逻辑[J]. 中国工业经济，2015（7）：5-20.

[167] 毛立言. 经济转型中的"经理革命"——兼评国企改革中的"管理层收购"[J]. 上海财经大学学报，2005（3）：11-18.

[168] 苗壮. 东北国企改革中的文化阻滞研究[J]. 学术交流，2009（9）：93-95.

[169] 欧瑞秋，李捷瑜，李广众，李杰. 部分民营化与国有企业定位[J]. 世界经济，2014，37（5）：112-134.

[170] 平新乔. 论国有经济比重的内生决定[J]. 经济研究，2000（7）：16-23，80.

[171] 齐兰，王姗. 中国高端装备制造业产品内分工程度与地位[J]. 吉林大学社会科学学报，2018，58（6）：83-93，205.

［172］齐平，池美子．混合所有制经济的理论探析、演化机理与模式创新［J］．求是学刊，2019，46（1）：62-72.

［173］齐平，李彦锦．混合所有制改革与国有企业投资效率提升［J］．中州学刊，2017（1）：27-32.

［174］祁怀锦，刘艳霞，王文涛．国有企业混合所有制改革效应评估及其实现路径［J］．改革，2018（9）：66-80.

［175］任海云．公司治理对R&D投入与企业绩效关系调节效应研究［J］．管理科学，2011，24（5）：37-47.

［176］任冷．公司治理的内部机制和外部机制［J］．南开经济研究，1999（3）：21-25.

［177］任天龙，马鹏程，李一鸣，康澍雨．国企高管激励方式协同配置：薪酬、股权与政治晋升［J］．山东社会科学，2017（8）：150-155.

［178］沈辰．国有企业混合所有制改革及其绩效问题与对策［J］．管理观察，2019（1）：24-26.

［179］沈伟．"竞争中性"原则下的国有企业竞争中性偏离和竞争中性化之困［J］．上海经济研究，2019（5）：11-28.

［180］史琳，宋微，刘爽，魏阙，郭沫含．吉林省高端装备制造业重点领域发展现状研究［J］．产业与科技论坛，2018，17（1）：27-29.

［181］宋立刚，姚洋．改制对企业绩效的影响［J］．中国社会科学，2005（2）：17-31，204.

［182］苏明政，徐佳信，张满林．东北振兴政策效果评估［J］．上海经济研究，2017（4）：112-117.

［183］孙晓华，王昀．企业规模对生产率及其差异的影响——来自工业企业微观数据的实证研究［J］．中国工业经济，2014（5）：57-69.

［184］孙永祥，黄祖辉．上市公司的股权结构与绩效［J］．经济研究，1999（12）：23-30，39.

［185］谭庆美，刘楠，董小芳．CEO权力、产权性质与创新绩效［J］．哈尔滨工业大学学报（社会科学版），2015，17（3）：126-134.

［186］谭亚莉，廖建桥，李骥．管理者非伦理行为到组织腐败的衍变过程、机制与干预：基于心理社会微观视角的分析［J］．管理世界，2011（12）：68-77.

［187］汤吉军，张智远．国有企业双重目标下发展混合所有制研究

[J]. 经济体制改革，2018（5）：113-118.

[188] 田昆儒，蒋勇. 国有股权比例优化区间研究——基于面板门限回归模型 [J]. 当代财经，2015（6）：107-117.

[189] 佟健，宋小宁. 混合所有制改革与国有企业治理 [J]. 广东财经大学学报，2016，31（1）：45-51.

[190] 王琛伟，刘现伟. 辽宁装备制造业转型发展的思考 [J]. 宏观经济管理，2017（9）：86-92.

[191] 王棣华，管莎莎. 内部控制在股权结构对企业绩效影响中的中介传导效应研究 [J]. 湖南财政经济学院学报，2016，32（5）：60-70.

[192] 王东京. 国企改革攻坚的路径选择与操作思路 [J]. 管理世界，2019，35（2）：1-6.

[193] 王国明. 投资者情绪、管理层特征与投资行为相关性研究 [J]. 财会通讯，2017（3）：64-68.

[194] 王红霞. 公司治理系统：基本维度与构成要素——一个科际整合的视角 [J]. 求索，2018（4）：110-118.

[195] 王佳菲. "混合所有制经济"若干问题辨析 [J]. 前线，2014（7）：34-36.

[196] 王京，罗福凯. 混合所有制、决策权配置与企业技术创新 [J]. 研究与发展管理，2017，29（2）：29-38.

[197] 王君卫. 揭秘海外混合所有制 [J]. 董事会，2015（5）：54-57.

[198] 王萍，杨万平，李政大. 境外战略投资者持股比例与中国上市银行发展质量 [J]. 现代财经（天津财经大学学报），2018，38（10）：31-42.

[199] 王威，刘庆. 股权结构、风控能力、经营规模与科技企业孵化器融资绩效——基于结构方程模型的实证研究 [J]. 财会通讯，2018（33）：45-48.

[200] 王新红，薛泽蓉，张行. 股权混合度、研发投入与国企绩效调节效应分析——基于国企混合所有制改革背景 [J]. 财会通讯，2018（18）：43-45，59.

[201] 王兴旺. 高端装备制造产业创新与竞争力评价研究——以上海海洋工程装备产业为例 [J]. 科技管理研究，2018，38（11）：36-40.

[202] 王业雯，陈林．混合所有制改革是否促进企业创新？[J]．经济与管理研究，2017，38（11）：112-121.

[203] 王一江．国企改制新思路：ESOP [J]．国际融资，2005（6）：26-27.

[204] 王永年．广义混合所有制概念辨析 [J]．江淮论坛，2004（6）：21-24.

[205] 王玉荣，高菲，张皓博．高端装备制造产业研发投入与创新绩效的实证研究 [J]．统计与决策，2015（10）：135-137.

[206] 王子军，张海清，吴敬学．当前国资国企改革发展领域几点争论的述评 [J]．经济体制改革，2012（2）：158-163.

[207] 魏杰，徐有轲．论产权关系与内部人控制 [J]．经济学家，1996（5）：20-25.

[208] 魏秀丽．股权多元化的国有控股公司治理结构特点及其构建 [J]．经济与管理研究，2008（2）：21-27.

[209] 吴怀军．高管薪酬视角下混合所有制对企业绩效的影响 [J]．社会科学家，2016（11）：88-92.

[210] 吴敬琏．自主企业制度：我国市场经济体制的基础 [J]．中国工业经济研究，1993（1）：4-10.

[211] 吴延兵．不同所有制企业技术创新能力考察 [J]．产业经济研究，2014（2）：53-64.

[212] 萧冬连．国有企业改革之路：从“放权让利”到“制度创新”[J]．中共党史研究，2014（3）：9-19.

[213] 谢迟，向洪金．关税和补贴对国企国有股份最优占比的影响——基于混合寡占理论分析 [J]．经济数学，2015，32（4）：82-86.

[214] 谢军．股权结构的激励效应：基于公司价值的实证分析 [J]．经济评论，2007（3）：122-127.

[215] 谢永珍，张雅萌，张慧，郑源．董事会正式、非正式结构对董事会会议频率的影响——非正式沟通对董事会行为强度的调节作用 [J]．外国经济与管理，2015，37（4）：15-28.

[216] 徐丹丹，曾章备，董莹．基于效率评价视角的国有企业分类改革实现路径研究——以高端装备制造业为例 [J]．中国软科学，2017（7）：182-192.

[217] 徐细雄，刘星．放权改革、薪酬管制与企业高管腐败 [J]．管理世界，2013 (3)：119-132.

[218] 徐向艺，张立达．上市公司股权结构与公司价值关系研究——一个分组检验的结果 [J]．中国工业经济，2008 (4)：102-109.

[219] 徐晓东，陈小悦．第一大股东对公司治理、企业业绩的影响分析 [J]．经济研究，2003 (2)：64-74，93.

[220] 许为宾，周莉莉，陈梦媛．国企混改影响企业创新投资的机制：政府干预效应还是代理效应 [J]．科技进步与对策，2019，36 (15)：77-83.

[221] 杨典．公司治理与企业绩效——基于中国经验的社会学分析 [J]．中国社会科学，2013 (1)：72-94，206.

[222] 杨瑞龙．国有企业改革逻辑与实践的演变及反思 [J]．中国人民大学学报，2018，32 (5)：44-56.

[223] 杨松令，常晓红，刘亭立．高新技术企业经营绩效评价研究——以中国创业板上市公司为例 [J]．中国科技论坛，2013 (7)：58-65.

[224] 杨松令，刘亭立．基于共生理论的上市公司股东行为研究——一个研究框架及设想 [J]．会计研究，2009 (1)：81-87，97.

[225] 叶祥松．内部人控制与公司治理结构的失效——基于转轨时期我国国有公司治理结构失效的特殊原因剖析 [J]．西北大学学报（哲学社会科学版），2002 (3)：9-15.

[226] 殷军，皮建才，杨德才．国有企业混合所有制的内在机制和最优比例研究 [J]．南开经济研究，2016 (1)：18-32.

[227] 尹响，杨继瑞．我国高端装备制造产业国际化的路径与对策分析 [J]．经济学家，2016 (4)：103-104.

[228] 余菁．“混合所有制”的学术论争及其路径找寻 [J]．改革，2014 (11)：26-35.

[229] 余菁，黄群慧．新时期全面深化国有企业改革的进展、问题与建议 [J]．中共中央党校学报，2017，21 (5)：113-121.

[230] 苑泽明，张永贝，宁金辉．京津冀高校科研创新绩效评价——基于 DEA-BCC 和 DEA-Malmquist 模型 [J]．财会月刊，2018 (24)：26-32.

[231] 岳丽君，李荣．家族涉入、董事会规模与企业研发投入 [J]．山东社会科学，2017 (2)：149-154.

[232] 张斌，李宏兵，陈岩．所有制混合能促进企业创新吗？——基于委托代理冲突与股东间冲突的整合视角［J］．管理评论，2019，31（4）：42-57.

[233] 张辉，黄昊，闫强明．混合所有制改革、政策性负担与国有企业绩效——基于1999—2007年工业企业数据库的实证研究［J］．经济学家，2016（9）：32-41.

[234] 张佳宁，杨根宁．混合所有制改革对股市的影响研究［J］．现代商业，2015（15）：252-253.

[235] 张军，罗长远，冯俊．市场结构、成本差异与国有企业的民营化进程［J］．中国社会科学，2003（5）：4-15，205.

[236] 张敏捷．国有企业公司治理之研究——完善国有资产监管机制和优化国有企业公司治理结构［J］．经济体制改革，2013（6）：88-92.

[237] 张偲，权锡鉴．我国海洋工程装备制造业发展的瓶颈与升级路径［J］．经济纵横，2016（8）：95-100.

[238] 张天顶，张晓欢，党超越．企业国际化、绩效与规模门限效应的实证检验［J］．统计与决策，2019，35（1）：178-181.

[239] 张维迎．国企治理的最大问题［J］．董事会，2014（8）：102-103.

[240] 张文魁．国资监管体制改革策略选择：由混合所有制的介入观察［J］．改革，2017（1）：110-118.

[241] 张晓玫，朱琳琳．混合所有制公司的治理结构、高管薪酬和经营绩效——基于分行业的研究视角［J］．金融经济，2016（2）：153-155.

[242] 张宇，张晨．“国有企业垄断论”的谬误［J］．政治经济学评论，2010，1（1）：90-104.

[243] 张雨潇，方明月．民营企业为什么要戴上“红帽子”——基于行政壁垒的一个解释［J］．经济学动态，2016（2）：31-40.

[244] 张卓元．中国国有企业改革三十年：重大进展、基本经验和攻坚展望［J］．经济与管理研究，2008（10）：5-19.

[245] 张宗益，宋增基．境外战略投资者持股中国上市银行的效果研究［J］．南开管理评论，2010，13（6）：106-114.

[246] 张作云．关于混合所有制经济的内涵和性质问题——兼论混合所有制经济的研究方法［J］．海派经济学，2008（2）：63-77.

［247］章祥荪，贵斌威．中国全要素生产率分析：Malmquist 指数法评述与应用［J］．数量经济技术经济研究，2008（6）：111-122.

［248］赵春凌．混改背景下的职业经理人建设［J］．国企，2015（2）：67-71.

［249］赵放，刘雅君．混合所有制改革对国有企业创新效率影响的政策效果分析——基于双重差分法的实证研究［J］．山东大学学报（哲学社会科学版），2016（6）：67-73.

［250］赵儒煜，王媛玉．东北经济频发衰退的原因探析——从“产业缺位”到“体制固化”的嬗变［J］．社会科学战线，2017（2）：48-57.

［251］赵炎，陈建有．中国装备制造业与节能环保产业灰色关联分析［J］．科技和产业，2013，13（6）：4-6.

［252］赵宇朦，刘翰林．国有企业混合所有制改革对投资效率的影响［J］．生产力研究，2018（8）：136-140，151.

［253］郑志刚．国企公司治理与混合所有制改革的逻辑和路径［J］．证券市场导报，2015（6）：4-12.

［254］钟昀珈，张晨宇，陈德球．国企民营化与企业创新效率：促进还是抑制？［J］．财经研究，2016，42（7）：4-15.

［255］周娜，鲍晓娟．国企混合所有制改革轨迹与现实例证［J］．改革，2017（2）：77-87.

［256］朱盈盈，李平，曾勇，何佳．引资、引智与引制：中资银行引进境外战略投资者的实证研究［J］．中国软科学，2010（8）：70-80，105.